Data Visualization

# 데이터 시각화 입문

Before & After 데이터 시각화 사례 72 가지 수록

지은이 후지 토시쿠니, 와타나베 료이치 ・ 옮긴이 김태현

**데이터 시각화 입문** Before & After 데이터 시각화 사례 72가지 수록

**지은이** 후지 토시쿠니, 와타나베 료이치 **옮긴이** 김태현 **1판1쇄 발행일** 2020년 7월 17일

**펴낸이** 임성춘 **펴낸곳** 로드북 **편집** 조서희 **디자인** 이호용(표지), 심용희(본문)

**주소** 서울시 동작구 동작대로 11길 96-5 401호

**출판 등록** 제 25100-2017-000015호(2011년 3월 22일)

**전화** 02)874-7883 **팩스** 02)6280-6901

**정가** 20,000원 **ISBN** 978-89-97924-72-1 93000

책 내용에 대한 의견이나 문의는 출판사 이메일이나 블로그로 연락해 주십시오.

잘못 만들어진 책은 서점에서 교환해 드립니다.

**이메일** chief@roadbook.co.kr **블로그** www.roadbook.co.kr

Data Visualization

# 데이터 시각화 입문

Before & After 데이터 시각화 사례 72 가지 수록

지은이 후지 토시쿠니, 와타나베 료이치 ▪ 옮긴이 김태현

바야흐로 데이터의 시대입니다. 4차 산업혁명 기술의 급격한 발전으로 데이터의 가치는 한껏 드높아지고 있으며, 이미 많은 기업이 데이터를 기반으로 의사결정을 하고 있습니다. 마케팅, 상품 개발, 고객 CS, 신규사업 창출, 미래 예측 등 기업 활동 전반에서 다양한 데이터들이 활용되고 있으며 활용도는 앞으로 더욱 증가할 것입니다.

이 책은 이런 데이터의 시대에, 데이터가 구사하는 새로운 언어를 이해하기 위한 필독서입니다. 이론편에서는 독자들이 꼭 알아야 할 데이터의 기본 개념을 다양한 도식으로 매우 쉽게 설명하고 있으며, 실전편에서는 정보의 올바른 표현법과 다양한 응용 방법이 잘 표현되어 있습니다.

특히, 데이터 관련 업종 진출과 데이터 표현에 고민이 많은 직장인, 더욱 심도 있는 데이터의 이론과 표현법을 공부하고 싶은 학생들이라면 꼭 읽어야 할 교과서 같은 책이라고 생각합니다. 현재 국내에 데이터 관련 서적이 많지 않고 어려운 책이 대부분이지만, 독자의 눈높이에 맞춘 이 책을 통해 데이터라는 미지의 영역에 한 걸음 내디딜 수 있는 계기가 되었으면 좋겠습니다.

_정도천 (인포크리에이티브 대표, 크리에이티브 디렉터)

『데이터 시각화 입문』이라는 제목처럼 기본기를 탄탄하게 해줄 수 있는 구조와 법칙이 꼼꼼하게 정리되어 있습니다. 잘못된 데이터 시각화로 인해 오해하거나 잘못된 판단과 실행을 한 경험은 누구나 있을 것입니다. 데이터 시각화에서 당연하다 생각하는 '기본'을 무시해 그래프와 도표가 잘못된 정보로 변질되어 겪게 되는 경험들입니다. 이 책에서 설명하는 '기본'과 다양한 'Before와 After의 상황별 시각화 효과'를 학습한다면 왜 기본이 중요한지를 깨달을 수 있을 것입니다.

또한 디테일에 숨어있는 작은 요소들까지 꼼꼼히 알려주고 있어 수준의 차이를 만들어내는 데이터 시각화를 경험할 수 있습니다. 특히 데이터 시각화의 입문자에게는 기반을 단단히 해주고, 직관적인 시각화를 구축하는 데 길라잡이가 될 것입니다.

_장석현 프로 (현 SK 텔레콤, 전 카카오 UX 파트장)

혹시 많은 시간과 노력을 투입한 데이터 분석 결과물이 동료들이나 의사 결정권자들에게 제대로 전달되지 않거나 오해를 일으켜 어려움을 경험한 적이 있다면 『데이터 시각화 입문』은 데이터에 대한 이해, 종류, 시각화의 이론 및 실제 사례 등을 통해서 데이터 시각화의 전문가로 올라서는 데 많은 도움이 되리라 확신합니다.

경영/디자인 전공 학생들에게는 실무에서 표현되는 다양한 데이터의 시각화 사례를 공부할 수 있고, 분석 및 기획 보고서 작성이 빈번한 실무자들에게는 원포인트 레슨과 같이 핵심을 꿰뚫는 다양한 예제를 통해 성공적인 분석 보고서 및 기획/전략안을 작성하는 데 도움을 얻을 수 있습니다. 의사 결정권자라면 데이터 시각화를 통해 좀더 효율적이고 정확한 데이터 기반의 의사 결정을 하는 데 많은 도움이 될 것입니다.

데이터 시각화의 이론적 배경을 지루하지 않을 만큼 적절히 설명하고 있어 데이터 시각화를 근본적으로 이해할 수 있습니다. 데이터 시각화를 활용할 때 책의 내용을 단순히 모방하는 것이 아닌 스스로 변형하고 개선하는 능력을 갖게 할 것이라 믿습니다.

_**백인섭** (삼성전자 Product Manager, 『스토리로 이해하는 UX 디자인 프로세스』 저자)


우리는 데이터의 중요성과 가치가 크게 부각되는 '데이터'의 시대에 살고 있습니다. 전문 데이터 분석가가 아니라 하더라도, HR, 영업, 마케팅 등 다양한 영역에서 매일매일 데이터를 의미 있는 정보로 만들어 의사 결정을 해야 하는 위치에 놓이게 됩니다. 데이터를 활용할 때 잊지 말아야 할 것이 있습니다. 데이터 자체는 도구이며, 도구를 통해 의미 있는 스토리를 만들어 내는 것은 바로 우리에게 달려 있다는 사실입니다.

이 책의 1~5장은 데이터의 역사와 정의, 그리고 데이터를 그래픽으로 표현하는 핵심적인 방법 등을 알려주어 데이터 해독 능력(Data Literacy)을 기를 수 있는 기본 지식을 제공합니다. 5~7장은 기본적인 지식을 바탕으로 실제로 업무에 활용할 수 있는 실용적인 테크닉을 함께 소개합니다. 특히 7장에서는 데이터 시각화의 세계적 선두주자인 태블로를 활용해 정제되지 않은 데이터를 유의미한 데이터로 변화시키는 모습을 시각화를 통해 보여줍니다. 바로 데이터로 이야기를 만드는 법, 즉 데이터 스토리텔링의 방법을 전하고 있습니다.

_**김성하** (태블로 코리아 지사장)

까만 바탕에 흰 문자, 금박 아이콘으로 장식된 표지에 눈이 가서 이 책을 고른 분도 있으리라 생각합니다. 만약 표지와 같은 배색이나 비슷한 디자인으로 비즈니스 보고서를 매일 본다면 어떨까요? 디자인이 현란해서 읽기 전부터 피곤해질 것 같습니다.

이 책은 겉표지 안에 간결한 속표지가 나옵니다. 내용 또한 일상적인 비즈니스 현장에서의 활용을 상정하고, '될 수 있는 한 불필요한 요소를 생략해서, 심플하고 알기 쉽게 만들기'를 전제로 내용을 구성했습니다.

1960년대에 미국 해군에서 태어난 'KISS의 법칙'이라는 것이 있습니다. KISS는 'Keep It Simple, Stupid'의 약자입니다. 번역은 하지 않겠습니다만, 이 책에서 추구하는 데이터 시각화의 진수는 모두 한 마디에 집약돼 있습니다. 첫인상은 겉표지(커버)와 속표지(속표지나 본문)처럼 말하는 것과 행동하는 것이 서로 다르게 보일지도 모르겠습니다. 분명히 겉과 속의 디자인의 목적이 결정적으로 다릅니다.

책표지는 서점에서 책을 한눈에 어필할 목적으로 존재합니다. 색다른 겉표지가 없으면 이런 기술서는 매일 새로운 책이 탄생하는 기술서 코너에서 금방 묻힙니다. 책 자체로 마음을 끌지 못하면 손에 들리기도 어려워 무시되기 일쑤입니다. 사람들에게 인지되지 못하면 아무것도 시작되지 않습니다.

비즈니스에서 일상적으로 활용되는 보고서의 경우, 읽는 사람은 능동적으로 보고서를 확인합니다. 제1단계인 '인식'은 기본적으로 필요 없습니다. 효과적인 수치나 결과를 빠르고 정확하게 전달해야 하는 효율성이 중요합니다. 불필요한 요소는 배제하고 정말로 전하고 싶은 것에 초점을 맞추어서 표현해야 합니다. 그렇지 않으면 열심히 시간을 들여서 만들어도 실제로는 거의 읽히지 않거나, 읽혀도 별로 머릿속에 남지 않는 사태가 발생해 읽는 사람의 시간을 버리게 합니다. 보고서를 만든 사람이나 읽는 사람이나 '마이너스'입니다.

데이터 시각화의 기본을 익혀 비즈니스에 자연스럽게 적용할 수 있게 되면, 보는 눈이 극적으로 달라집니다. 확실하게 읽히며 사람들에게 사용되는 보고서를 만들 수 있습니다. 무엇보다도 읽는 사람의 시간 효율이 향상되겠죠.

저자인 후지와 와타나베는 회사는 달라도 IT와 비즈니스 영역의 컨설턴트로서 10년 이상 다양한 데이터를 취급하고 분석해 발표했습니다. 또한 사내외 구별 없이 수많은 보고서를 접하면서 경험을 쌓았습니다. 일상적인 업무에 적용되어 있는 실천적인 지식을 활용해, 디자인 감각이 없어도 누구나 간단히, 읽고 나면 바로 그날부터 실무에 적용할 수 있는 책을 썼습니다.

데이터 시각화의 법칙을 실무에 적용하는 첫걸음이 되는 책이 될 거라 믿습니다. 여러분이 작성하는 차트를 보는 분들도 데이터 시각화의 효과와 가치를 향유하고, 나아가 사회 전체의 데이터 활용 상태가 조금이라도 향상된다면 기대 이상의 기쁨이 될 것입니다.

2019년 4월

후지 토시쿠니, 와타나베 료이치

세상엔 데이터들이 흘러 넘치고 있습니다. 흔히들 빅데이터의 시대라고 말합니다. 데이터의 양뿐만 아니라 데이터의 종류에서도 말입니다. 기업이 비즈니스에서 사용하는 데이터는 물론이고 개인이 쇼핑을 하거나 식사를 하기 위해 맛집을 찾을 때도 빅데이터가 활용되는 지경이니 그야말로 데이터 없이는 아무것도 할 수 없는 상황입니다.

많은 양과 다양한 종류의 데이터를 정말 잘 활용하고 있는지에 관해서는 아직 아쉬운 부분이 많습니다. 속담에 '구슬이 서 말이라도 꿰어야 보배'라는 말이 있습니다. 잘 가공해야 비로소 빛나는 보석이 되는 다이아몬드처럼, 아무리 많고 다양한 데이터가 확보됐다고 해도 잘 분석되고 가공되지 않으면, 데이터가 품고 있는 의미나 경향을 파악할 수 없어서 손안에 보석을 두고도 모르는 상황이 벌어질 수 있습니다.

이 책은 데이터의 시각화 Data Visualization에 관해 이야기하고 있습니다. 얼핏 보면 데이터 분석이 끝나고 확보한 내용을 얼마나 쉽게, 한눈에 이해할 수 있도록 전달할 수 있는가를 설명하고 있다고 생각할 수 있습니다. 시점을 조금 달리 하면 데이터의 시각화야말로 데이터 분석의 출발점이라고 할 수 있습니다. 잘 정리된 데이터에서야말로 비로소 진정한 의미와 경향을 알 수 있게 되니 말입니다.

이 책을 통해 인터넷에 넘치는 데이터를 제대로 활용해서 데이터 시각화 활성화를 이끄는 독자 여러분이 되시기를 기대합니다.

2020년 6월 동경의 한 구석에서
김태현 드림

이론편

### 1장 데이터 활용 시대의 도래

### 2장 데이터 시각화

### 3장 데이터 시각화에 관한 정의 및 연구

### 4장 데이터 시각화의 법칙

**실전편** - - - - - - - - - - - - - - - - - - - - - - - - - - - - - - - - - - - - - - - - - - - - - -

 # Hop! 인포메이션 디자인의 기본

## 6장 Step! 차이를 낳는 테크닉

## 7장 Jump! BI툴로 차이를 만든다

# 1장
# 데이터 활용 시대의 도래

데이터의 가치가 상당히 높아졌습니다. 비즈니스에서 데이터를 활용해서 판단하거나 의사결정을 하는 '데이터 활용 시대'가 왔습니다. 그 중에서도 데이터 리터러시 즉, 데이터에 관련된 교양적 지식 중의 하나로 데이터 시각화의 중요성이 커지고 있습니다. 1장에서는 데이터를 활용하는 것, 즉 데이터 시각화의 의미와 필요성을 간단한 역사와 함께 살펴보겠습니다.

# 1.1 | 개요

## 데이터 시각화

데이터 시각화Data Visualization란, 문자와 숫자로 표현되었던 데이터를 차트를 사용하여 표현하는 것입니다. '시각화'와 비슷한 말로 '가시화'를 들 수 있습니다. 가시화가 '보이지 않는 것을 보이게 만든다'는 뜻인데 반해, 시각화는 '그저 보이게 만드는 것이 아니라 내용과 의미를 알기 쉽게, 이해하기 쉽게 만든다'라는 좀더 높은 차원의 개념으로 사용됩니다.

그런 의미에서 데이터 시각화는 아트art와 사이언스science의 양면이 밀접하게 연결되어 있습니다. 그래픽 디자인, 시각 인지학, 컴퓨터 사이언스, 통계학이라는 다양한 네 분야가 관련된, 깊이 있는 영역입니다. 데이터 시각화의 목적은 '커뮤니케이션'이며, 상대방에게 정보 전달 효율을 높이는 '추구 활동'은 크래프트맨십(장인 기술, 숙련된 기교)이라고 할 수 있습니다.

차트에는 그래프와 숫자 표가 포함됩니다.

마이크로소프트Microsoft의 엑셀Excel 프로그램에서 매우 간편하게 표를 계산할 수 있고, Tableau(태블로) 등의 BIBusiness Intelligence툴로 차트를 만드는 일이 간편해졌습니다. 그에 반해, 정보 전달의 효율성이나 정확성을 살리는 데 배려가 없는 '나쁜' 혹은 '애석한' 데이터 시각화의 예시도 심심치 않게 볼 수 있습니다. 힘들게 시간과 수고를 들여서 작성한 차트가 '내용이 알기 어려워서' 보는 사람을 불쾌하게 만들거나 또는 읽는 사람으로 하여금 오해를 사서 잘못된 판단을 하게 된다면 이는 사회적으로 커다란 손실입니다.

# 1.2 │ 이 책의 구성과 읽는 법

이 책은 다음과 같이 '이론편'과 '실전편'으로 2부로 구성되어 있습니다.

1장에서 4장까지 이론편, 5장에서 7장까지가 실전편입니다.

**제1장 : 데이터의 활용 시대의 도래**

- 1-1 : 개요
- 1-2 : 이 책의 구성과 읽는 법
- 1-3 : 높아지는 데이터의 가치
- 1-4 : 누구나 데이터를 활용하는 시대
- 1-5 : 비교력

**제2장 : 데이터 시각화**

- 2-1 : 데이터 시각화의 목적
- 2-2 : 데이터 시각화의 효과 - 그래프에서 읽어낼 수 있는 것
- 2-3 : 데이터 시각화의 종류

**제3장 : 데이터 시각화에 관한 정의 및 연구**

- 3-1 : 데이터의 종류
- 3-2 : 시각 속성과 게슈탈트의 법칙

**제4장 : 데이터 시각화의 법칙**

- 4-1 : 데이터 시각화를 위한 용도별 분류
- 4-2 : 차트 유형을 선택하는 법칙
- 4-3 : 차트 유형 목록

제5장 : Hop! 인포메이션 디자인의 기본 키

제6장 : Step! 차이를 낳는 테크닉

제7장 : Jump! BI툴에서 차이를 만든다

이 책을 읽는 방법 두 가지를 소개합니다.

처음부터 마지막까지 통독하여 데이터 시각화의 기초적인 지식이 쌓이면 5장부터 7장에 실린 다양한 실전 예시를 상세히 공부하는 방법을 권합니다. 또 하나는, 순서와 상관 없이 테크닉집과 사전식으로 필요한 부분만 찾아서 보는 방법도 좋습니다.

5장부터 7장을 먼저 읽어본 후 다시 처음 1장으로 돌아가서 시각화와 관련된 이론을 읽어도 괜찮습니다.

# 1.3 | 높아지는 데이터의 가치

## 데이터의 '활용' = 데이터 시각화

'데이터는 새로운 시대의 석유다'라는 말이 2016년경부터 미디어에서도 자주 등장했습니다. 석유는 유익한 자원으로 꼽는 대표적인 예로, 이 말은 '데이터 그 자체에 가치가 있다'는 관점이 없었던 그 당시, '데이터를 활용해서 경제적 효과를 올릴 수 있다', '데이터 활용의 능력이 기업의 경쟁력을 좌우한다'라는 공통 의식이 만들어지는 계기가 되었습니다.

데이터 '활용'을 강조하는 이유는 석유가 정제, 가공의 과정을 거쳐서 제품으로 다시 태어나면 비로소 사람에게 유용한 것이 되는 것처럼, 데이터도 정비 및 가공되어 거기에서 인간이 무언가를 통찰하고 지식을 얻은 후에야 비로소 유용하게 되는 측면이 비슷하기 때문입니다. 석유는 유한하여 고갈될 수 있는 자원인 데 반해, 데이터는 나날이 그 생산량이 폭발적으로 증가하고 있으며, 이런 경향은 앞으로 더욱 가속될 것입니다. 데이터 자체의 희소성은 거의 없어지고, '데이터를 어떤 목적으로 어떻게 활용해야 하는가'의 아이디어 및 체제 만들기가 한층 중요해졌습니다.

실제로 세계의 기업 주식의 시가총액의 상위를 점하고 있는 구글, 아마존, 페이스북, 애플 네 회사는 압도적인 규모로 데이터를 수집, 생성하고 그것을 고속, 고도로 분석 및 활용하여 서비스의 향상에 연결시키고 있다는 공통점이 있습니다. 여러분도 아마존amazon의 상품의 쇼핑 제안이나 페이스북의 표시 광고에 나의 흥밋거리 혹은 관심사가 떠서 놀란 눈으로 나도 모르게 클릭한 경험이 있을 것입니다.

이와 같이 **데이터 활용 사회**라고도 일컬어지는 현재와 앞으로를 살아나가는 데 있어, 데이터 활용에 관한 중요한 영역이 바로 데이터 시각화입니다.

# 1.4 | 누구나 데이터를 활용하는 시대

## 데이터 리터러시의 필요성

데이터 리터러시literacy란 데이터를 읽고 그 안에 숨겨진 의미를 파악하는 데이터 해독 능력을 말합니다(편집자 주).

일상적으로 차트를 작성하고 활용해서 데이터 분석을 하는 직업이라고 하면, 이전에는 과학자나 통계학자 정도였습니다. 지금은 그것이 모든 직업으로 확대되어 데이터 즉, 집계된 수치 정보로 설명하거나 보고하는 일은 조직에서 흔히 일어나는 일이 되었습니다. 비즈니스에서 데이터를 활용해서 판단하고 이에 기반하여 의사를 결정하는 시대, 곧 데이터 활용 시대가 되었다고 말할 수 있습니다.

대부분의 사람들은 필요성 때문에 데이터를 접하게 되고 데이터를 활용하게 되었을 뿐, 데이터를 가지고 설명하거나 보고하는 이론이나 효과적인 기술(기법)을 체계적으로 배우지는 않았습니다. 이와 같은 설명이나 보고를 받는 쪽도 차트로 표현된, 집계 후의 수치 정보를 어떻게 읽고 해석할지 익숙하지 않은 것도 현실입니다. 데이터 활용 시대에 돌입은 했지만 여전히, 데이터에 관련된 교양적 지식, 다시 말해서 데이터 리터러시literacy를 몸에 익힐 수단 및 학습정보가 적은 것이 현실입니다. 데이터 리터러시를 공부하지 못한 사람들이 데이터로 커뮤니케이션하려고 하는 것은 사회적인 과제라고 생각합니다.

## 1980년대로 거슬러 올라가는 '데이터 시각화'의 역사

데이터 시각화 분야는 서양이 크게 앞서가고 있으며, 'Data Visualization'이라는 개념은 1980년대부터 제창되어 이미 하나의 연구 영역으로 정립되었습니다. 집필시점(2019년 초)에 아마존닷컴Amazon. com에서 'Data Visualization'을 검색하면 2,000건 이상의 서적이 표시되는 것으로 보아, 학습 재료도 다양하게 입수할 수 있습니다(반면 국내 유명 인터넷 서점에서 검색하면 60여 종류의 서적밖에 검색되지 않고, 거기다 2/3가 번역서입니다).

기업의 의사결정이 전통적으로 KKD(감. 경험. 담력)에 의지하는 부분이 크기 때문에, 매출액 등을 조직 안에서 보고하는 경우도 차트 대신 표를 이용하는 문화가 강하게 영향을 미치고 있기 때문이라고 추측합니다.

데이터 시각화의 지식이나 이론을 실무에 적용하면 데이터를 근거로 하는 커뮤니케이션이나 의사결정이 보다 정확하고 효과도 높아집니다. 이 책으로 데이터 리터러시를 몸에 익혀 기업과 조직의 데이터 시각화 활성화를 이끄는 독자 여러분이 되기를 기대합니다.

# 1.5 | 비교력

## 수치 정보에 의미를 부여하는 것은 '비교'

앞에서 데이터 리터러시의 요소라고 설명한 '수치 정보에서 의미를 읽어내는 힘'이란 무엇일까요? 한 마디로 표현하면 그것은 **비교력**입니다.

수치 정보는 무언가와 비교하지 않으면 좋고 나쁨을 알지 못합니다. 가령, 여러분 회사의 올해 매출액이 1,127억원이라고 가정해보겠습니다. 이것은 좋은 결과일까요? 아니면 나쁜 결과일까요?

수치만으로는 뭐라고 말하기 어렵습니다(직감적으로 '좋은 결과'라고 판단했다면, 무의식 중에 상장회사의 평균 매출액 등과 같은 비교 대상의 수치를 떠올려서 비교했기 때문입니다). 여기에 경쟁사의 올해 매출액이 1,209억원이었다는 정보를 추가해서 비교하면, '경쟁사보다 매출액이 82억원 낮다'라고 해석할 수 있어서 결과가 나쁘다고 생각했을지도 모르겠습니다. 자사의 전년도 매출액이 917억원이었다는 정보를 추가해서 비교하면, '전년도보다 23% 늘었다'라고 해석할 수 있어서 좋은 결과라고 판단할 수도 있습니다. 여기서 시장 전체의 올해 매출액 성장률이 30%라는 새로운 정보를 추가하면, '당사의 매출 성장률(23%)은 시장 전체의 매출 성장률(30%)보다 낮다'라고 해석하여, 역시 나쁜 결과로 결론짓게 됩니다.

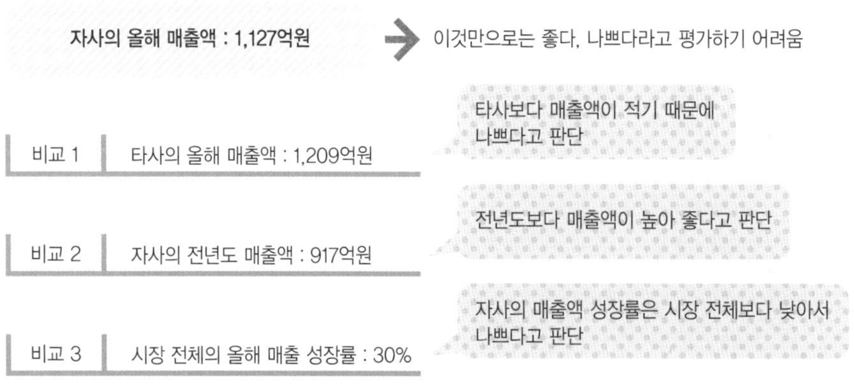

**자사의 올해 매출액 : 1,127억원** → 이것만으로는 좋다, 나쁘다라고 평가하기 어려움

| 비교 1 | 타사의 올해 매출액 : 1,209억원 | 타사보다 매출액이 적기 때문에 나쁘다고 판단 |

| 비교 2 | 자사의 전년도 매출액 : 917억원 | 전년도보다 매출액이 높아 좋다고 판단 |

| 비교 3 | 시장 전체의 올해 매출 성장률 : 30% | 자사의 매출액 성장률은 시장 전체보다 낮아서 나쁘다고 판단 |

그림 1-1 데이터로부터 의미를 읽어 낸다

이와 같이 수치 정보는 무언가와 비교할 때 비로소 의미가 있습니다. 예시와 같이 다면적인 비교를 여러 번 반복하면 스토리가 발생합니다. 수치 정보의 활용 방법은, 수치에서 의미를 발견해 내도록 '얼마나 쉽게(의미가 전달되기 쉬운) 비교 표현을 할 수 있는가'가 본질이라고 말할 수 있습니다.

데이터의 가치가 높아지고 있어서 데이터 과학자나 학생뿐 아니라 비즈니스 종사자나 일반인까지, 누구나 데이터를 활용하는 '데이터 활용 시대'가 우리 앞에 와 있음을 소개했습니다. 2장에서는 드디어 이 책의 주제인 데이터 시각화에 관해 본격적으로 알아봅니다.

# 2장

# 데이터 시각화

2장에서는 데이터 시각화의 목적과 효과는 무엇이며 시각화할 때는 어떤 유형을 선택하여 진행하는지 살펴보면서 조금씩 이해의 깊이를 더해보겠습니다.

# 2.1 | 데이터 시각화의 목적

## 목적은 커뮤니케이션

데이터 시각화의 목적은 커뮤니케이션(정보 전달, 대화)입니다.

사실 데이터는 그 자체보다도, 데이터에서 읽어낼 수 있는 사실이나 그로부터 발견한 것을 얼마나 이해하기 쉬운 형태로 상대방에게 전달하는가가 중요합니다. 여기서 '상대방'이라고 하면 '자기 자신'도 포함됩니다. 데이터와 자기 자신이 소통하면서, 사고하거나 탐색하거나 하는 것도 데이터를 시각화하는 목적 중 하나입니다.

자신과 상대방 사이에 공유되어 있는 커뮤니케이션을 성립시키기 위한 정보를 콘텍스트(배경, 문맥, 공통인식)라고 합니다. 예컨대 '아마존은 위대하다'라고 말할 때, 그것이 '하천의 이름을 뜻하는 아마존'을 말하는지 '기업의 아마존'인지는 콘텍스트에 의존합니다. 또 '붉은색'을 보였을 때 직감적으로 '좋다'라고 받아들일지, '나쁘다'고 받아들일지도 그를 전하는 배경 즉, 콘텍스트에 의존합니다. 이와 같이 사람들 사이는 언어를 통해서 커뮤니케이션하고 있는 중에도, 서로의 문화나 생활 배경에 의해 형성된 콘텍스트를 활용하여 실제로는 많은 정의나 설명을 생략하면서 의사소통을 하고 있습니다.

커뮤니케이션은 상대가 인지 즉, 이해하지 못했던 정보나 사실을 전달하고, 상대의 판단과 행동을 촉진시키거나 변하게 하는 것이 본질적인 목적입니다. 상대가 가지고 있으리라 짐작되는 콘텍스트를 고려하거나 보충하면서 상대가 해주길 바라는 판단과 행동을 촉진시키기 위해 그때마다 가장 적합한 데이터 시각화를 생각하여 궁리해야 합니다.

| 데이터 | 데이터 시각화의 결과 | 해석/이해 | 판단/행동 |
|---|---|---|---|

컨텍스트

그림 2-1 데이터 시각화의 목적은 커뮤니케이션

영어회화에 비유할 수 있는데, 데이터 시각화는 영어회화에서 문법과 발음입니다. 문법과 발음을 정확해야 말해야 한다는 강박관념에 사로잡혀 있으면 상대방에게 아무것도 전달하지 못합니다. 데이터 시각화 또한 완성도에 얽매여서 데이터를 사용한 표현에 주저하지 말아야 합니다. 어디까지나 목적은 커뮤니케이션이지, 데이터 시각화 자체는 수단에 지나지 않습니다. 중요한 것은 전달하고 싶은 내용 그 자체이며 표현 형식에 과도하게 집착할 필요는 없습니다. 그러나 문법이 엉망이면 발음도 듣기가 어렵고, 상대방에게 올바른 정보를 전달할 수 없습니다. 마찬가지로 데이터 시각화에서도 이론을 익혀서 적절하게 사용하면 전하려는 바를 데이터를 통해 착실하게 조금씩 전하기 쉬워질 것입니다.

## 시그널을 최대화하고 노이즈를 최소화한다

상대방이 한 번에 처리할 수 있는 정보량에는 한계가 있습니다. **정보 전달의 효율성**도 데이터를 시각화할 때 중요하게 고려해야 합니다. 여기서 '효율성'은 상대방에게 보다 많은 정보, 사실, 아이디어를 보다 적은 시간, 공간, 뇌의 노력으로 전달할 수 있는가(이해하거나 납득할 것인가) 등 입니다. 데이터를 시각화하는 과정에서 원시 데이터는 그 형태와 모습이 변하게 됩니다. 거기에는 무언가 특정의 디자인이 함께 합니다. 디자인에 의해, 데이터가 가지고 있는 원래의 의미가 상대방에 있어서 보다 쉽게 전달는 효과(여기서는 **시그널**이라고 지칭)가 생겨나는 동시에, 데이터가 가지고 있는 원래의 의미가 아닌 것이 상대방에게 전달되는 효과(여기서는 **노이즈**라고 지칭)도 발생합니다.

| 시그널 | 데이터가 가지고 있는 원래의 의미가 상대방에게 보다 쉽게 전달되는 효과 |
|---|---|
| 노이즈 | 데이터가 가지고 있는 원래의 의미가 아닌 것도 상대방에게 전달되는 효과 |

시그널을 최대화하고, 노이즈를 최소화하는 데이터의 디자인을 추구하는 것이
본래의 목적

그림 2-2 시그널 최대화, 노이즈 최소화

## 데이터 잉크 비율을 고려하자

데이터 시각화의 권위자인 에드워드 투플Edward Tufle이 제창한 **데이터 잉크 비율**Data-ink ratio이라는 개념이 있습니다. 차트를 표현할 때 데이터 자체를 나타내는 부분(막대 그래프에서 막대 부분)을 **데이터 잉크**data-ink, 데이터 이외의 것을 나타내는 부분(막대 그래프에서는 그래프의 테두리나 축의 눈금선 등)을 **논 데이터 잉크**Non-data-ink라고 부릅니다. 데이터 잉크 비율은 데이터 잉크와 논 데이터 잉크의 비율이므로, 계산식으로 만든다면 'data-ink-ratio = data-ink/(data-ink + non-data-ink)'가 됩니다. 불필요한 장식을 없애 차트를 심플하게 만들수록 노이즈가 줄어들고 시그널이 높아져서 데이터 시각화에 최적의 디자인이 된다는 것이 기본적인 개념입니다.

| 데이터 잉크 | 표현하고 싶은 데이터 그 자체에 사용한 잉크의 양 |
|---|---|
| 논 데이터 잉크 | 배경이나 축의 보조선 등, 표현하고 싶은 데이터 이외의 요소에 사용한 잉크의 양 |

데이터 잉크 비율

$$\frac{\text{데이터 잉크}}{(\text{데이터 잉크} + \text{논 데이터 잉크})}$$

불필요한 장식에 잉크가 많이 사용되어,
데이터 잉크 비율이 낮은 예

불필요한 장식을 삭제하여, 데이터 잉크 비율이
높아진 예(왼쪽과 같은 데이터)

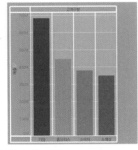

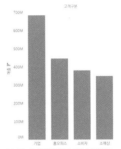

그림 2-3 데이터 잉크 비율

데이터를 시각화할 때 시그널을 최대화하고, 노이즈를 최소화하는 디자인을 추구하여 데이터를 이용한 커뮤니케이션의 향상을 도모하는 것이 이 책의 주제라고 할 수 있습니다.

## 2.2 | 데이터 시각화의 효과 - 그래프에서 읽어낼 수 있는 것

그래프로부터 얼마나 많은 정보를 읽어낼 수 있는지를 실제 사례를 통해 알아보겠습니다. 여기서는 특징이 크게 다른 막대 그래프, 꺾은선 그래프, 산포도의 세 종류를 예로 들어봅니다.

### ① 막대 그래프

먼저 다음의 크로스 집계표(또 다른 말로 '피벗 테이블'이라고도 합니다-편집자 주)를 살펴봅시다. 서브 카테고리(행)별, 지역(열)별로 이익과 매출이 집계되어 있습니다. 표에는 80개의 셀이 있고, 각각의 집계치가 표시되어 있습니다. 표에서 이익이 발생하지 않은 서브 카테고리를 바로 파악할 수 있을까요? 매출이 전체적으로 적은 지역을 한눈에 특정할 수 있나요?

크로스 집계표(막대 그래프 데이터)

**상품 서브 카테고리별, 지역별 매출과 이익**

| 서브 카테고리 | | 지역(그룹) | | | | |
| --- | --- | --- | --- | --- | --- | --- |
| | | 수도권 | 강원도 | 충청도 | 경상도 | 전라도 |
| 의자 | 이익 | 2,540,061 | 1,839,661 | 1,107,404 | 1,330,958 | 201,016 |
| | 배송료 | 9,218,679 | 7,492,441 | 5,711,270 | 6,618,032 | 2,317,854 |
| 복사기 | 이익 | 1,686,005 | 1,268,973 | 740,358 | 840,967 | 381,164 |
| | 배송료 | 8,484,761 | 6,977,733 | 6,696,718 | 4,960,361 | 2,612,336 |
| 책장 | 이익 | 1,126,818 | 1,690,222 | 621,216 | 1,300,874 | 137,085 |
| | 배송료 | 6,502,118 | 7,484,724 | 5,873,612 | 7,048,110 | 2,226,119 |
| 전화기 | 이익 | 411,877 | 455,248 | -52,847 | 16,724 | 30,674 |
| | 배송료 | 6,053,521 | 6,859,227 | 4,432,107 | 6,760,709 | 3,610,445 |
| 테이블 | 이익 | -212,789 | -532,935 | -1,477,440 | -330,882 | -626,847 |
| | 배송료 | 3,072,471 | 4,304,024 | 2,707,681 | 2,734,190 | 1,101,421 |
| 부속품 | 이익 | 716,234 | 741,390 | 404,536 | 282,973 | 85,787 |
| | 배송료 | 4,122,766 | 3,290,792 | 2,240,588 | 2,748,295 | 1,434,281 |
| 사무기기 | 이익 | 397,466 | 788,779 | -266,182 | 500,942 | 71,563 |
| | 배송료 | 2,253,748 | 3,117,895 | 1,925,162 | 2,728,214 | 977,895 |
| 가구 | 이익 | 258,165 | 337,262 | 166,712 | 219,122 | 33,628 |
| | 배송료 | 1,516,317 | 1,816,254 | 1,324,770 | 1,312,138 | 784,774 |

크로스 집계표는 1원 단위까지 금액을 알고 싶을 때는 적합하지만 한눈에 경향을 파악하는 데는 어울리지 않습니다.

막대 그래프의 예를 살펴볼까요? 세로축에 상품 서브 카테고리, 가로축에 지역을 배치했습니다. 매출의 크기를 막대 그래프의 길이, 이익의 크기를 막대 그래프의 색의 그라데이션으로 표현하고 있습니다.

다음과 같이 파란색이 짙어질수록 이익이 크게 플러스이고, 제로를 중심으로 주황색이 짙어지면 이익이 크게 마이너스라는 것을 이해할 수 있습니다.

▲ 이익의 그라데이션 색 범례

막대 그래프의 예

**상품 서브 카테고리별, 지역별 매출, 이익**

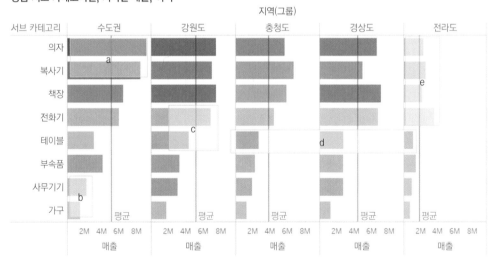

한눈에 읽어낼 수 있는 것은 다음과 같습니다.

- a. 매출 상위의 서브 카테고리
- b. 매출 하위의 서브 카테고리(상위에 비해 몇 분의 일 정도의 매출인가)
- c. 지역평균으로부터의 괴리(평균 이상인가, 이하인가, 차이는 어느 정도인가)
- d. 이익이 마이너스인 서브 카테고리
- e. 지역 특성(전라도에서 전화기의 매출은 다른 서브 카테고리에 비해서 크다)

크로스 집계표와 비교해서 막대 그래프 쪽이 얼마나 많은지 한눈에 읽을 수 있습니다. 데이터 시각화의 효과입니다.

## ② 꺾은선 그래프

다음 크로스 집계표를 살펴보겠습니다. 고객구분(행)별, 연월(열)별로 매출액이 집계되어 있습니다.
표에서 고객구분별 매출순위의 변화와 가장 매출이 컸던 연월을 한눈에 파악할 수 있을까요?

크로스 집계표(꺾은선 그래프의 데이터)

**연간매출추이**

| 고객구분 | 주문일 2017 | | | | | | | | | | | |
|---|---|---|---|---|---|---|---|---|---|---|---|---|
| | 1月 | 2月 | 3月 | 4月 | 5月 | 6月 | 7月 | 8月 | 9月 | 10月 | 11月 | 12月 |
| 소규모사업소 | 24,961 | 28,162 | -2,622 | -23,194 | 181,288 | 174,365 | 4,719 | 11,103 | 85,412 | 116,457 | 199,256 | 103,011 |
| 소비자 | 130,194 | 342,150 | 337,681 | 244,776 | 512,341 | 747,430 | 334,891 | 488,616 | 316,646 | 280,845 | 454,182 | 341,386 |
| 대기업 | 120,819 | 143,873 | 196,880 | 5,003 | 188,241 | 17,439 | 165,486 | 342,721 | 176,459 | 379,558 | 60,833 | 178,582 |

표 내용을 꺾은선 그래프로 만들어 보겠습니다. 가로축에 연월을 배치하고, 고객구분별로 선의 색을 달리하여 표현하고 있습니다(소비자 : 주황, 대규모사업소 : 파랑, 대기업 : 빨강)

**연간 매출 추이**

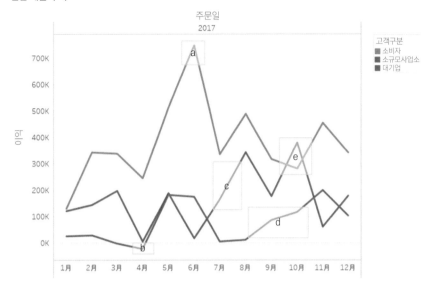

한눈에 파악 가능한 내용을 뽑아 보았습니다.

- a. 최대 매출(의 연월과 고객구분)
- b. 최소 매출(의 연월과 고객구분)
- c. 급격한 매출 증가 경향
- d. 완만한 매출 증가 경향
- e. 매출 순위 변경

## ③ 산포도

마찬가지로 다음의 크로스 집계표를 함께 보겠습니다. 이중에서 배송료가 최대인 고객, 이익이 최대인 고객을 각각 특정할 수 있을까요? 데이터 전체는 202행이므로, 지면의 사정상 일부만 표시하고 있기 때문에 실제로 파악하기는 어렵습니다.

## 크로스 집계표(산포도의 데이터)

**상관분석**

| 고객명 | | |
|---|---|---|
| 이익준 | 이익 | -33,910 |
| | 배송료 | 51,120 |
| 전미도 | 이익 | 6,692 |
| | 배송료 | 37,212 |
| 김대명 | 이익 | 4,780 |
| | 배송료 | 9,760 |
| 김주원 | 이익 | -34,259 |
| | 배송료 | 51,643 |
| 김범준 | 이익 | 25,446 |
| | 배송료 | 108,156 |
| 신은찬 | 이익 | -3,798 |
| | 배송료 | 5,952 |
| 오하윤 | 이익 | 98,260 |
| | 배송료 | 348,686 |
| 한다인 | 이익 | 119,701 |
| | 배송료 | 262,926 |
| 문세혁 | 이익 | -1,640 |
| | 배송료 | 10,920 |
| 장온유 | 이익 | -3,456 |
| | 배송료 | 5,438 |
| 조수빈 | 이익 | 11,328 |
| | 배송료 | 110,226 |

위의 크로스 집계표를 산포도로 표현해 보았습니다. 가로축에 배송료를, 세로축에 이익을 배치하여 고객별로 원(도트)을 표시하고 있습니다.

## 산포도

**상관분석**

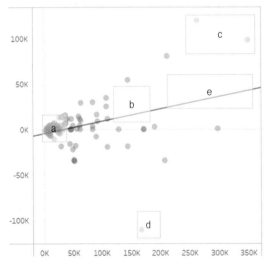

한눈에 읽어낼 수 있는 항목들이 보이나요? 그 항목들은 다음과 같습니다.

- a. 고객이 밀집해 있는 영역
- b. 고객이 존재하지 않는 영역
- c. 배송료 최대, 이익 최대의 고객
- d. 오류 값(오류 값 가능성이 있는 고객, Error Data)
- e. 두 지표의 상관 관계 상태

이와 같이 그래프를 사용하면 같은 데이터로부터 파악할 수 있는 내용이 비약적으로 많아지며 데이터를 읽어 내는 시간이 극적으로 짧아집니다.

# 2.3 | 데이터 시각화의 종류

데이터의 시각화는 아직 확립된 학문 및 연구 영역이 아니어서 언어의 정의나 종류에 대해서 정해진 공통의식이 아직 없는 단계입니다. 그래서 다음과 같이 데이터 시각화에 관한 정의와 유형을 정리하여 활용의 목적과 장소를 명확히 하려고 합니다.

데이터 시각화와 유사한 용어로 '인포그래픽스infogrphics'가 있습니다. 인포그래픽스는 정보, 데이터, 지식을 시각적으로 표현한 것인데 표지판, 지도, 기술 문서 등에 사용되며 컴퓨터 과학, 통계학 등의 개념적 과학적 정보를 알기 쉽게 시각화하는 도구로도 사용됩니다(편집자 주). 데이터 시각화의 일부이므로 나중에 설명할 데이터 시각화 유형 중 '사실 설명형'과 '주장 설득형'에 포함되는 범위로 보고 설명하겠습니다.

## 인포메이션 디자인과 데이터 아트의 차이

먼저 데이터를 시각화할 때 자신을 포함한 조직과 상대방의 과제 해결이 목적이면 **인포메이션 디자인** 그리고 자신의 주장 전달이 목적이면 **데이터 아트**라고 분류합니다.

데이터 시각화 : 데이터를 차트를 사용하여 알기 쉽게 시각화하는 것

> 인포메이션 디자인 : 과제 해결을 위한 데이터의 시각화 → ※이 책의 설명 대상

> 데이터 아트 : 자기 주장, 및 표현을 위한 데이터의 시각화

그림 2-4 데이터 시각화의 종류

인포메이션 디자인은 아직 사실이라고 확인되지 않은 가설을 다루는 '가설 검증형'과 '가설 탐색형', 사실을 다루는 '사실 보고형'과 '사실 설명형'으로 나눌 수 있습니다.

데이터 아트는 자신의 주장을 독자에게 이해/납득시키기 위한 '주장 설득형'과 독자를 상정하지 않고 자기 표현에 무게를 두는 '주장 표현형'으로 구분합니다.

그림 2-5 '사실'과 '주장'에 의한 분류

데이터 시각화의 목적은 커뮤니케이션(정보 전달. 대화)입니다. 데이터로부터 읽어 들일 수 있는 사실이나 발견한 내용을 얼마나 이해하기 쉬운 형식으로 상대방에게 전달할 수 있는가에 초점을 두고 있으므로 3장 이후에는 인포메이션 디자인에 한정해서 효율적이고 유용한 표현 방법을 설명하겠습니다.

## 인포메이션 디자인의 분류

인포메이션 디자인은 (자신을 포함해서) 조직이나 상대방의 과제를 해결하는 것을 목적으로 삼아, 데이터가 가지고 있는 본래의 의미 즉, 데이터로 표현되는 사실을 정확하고 효율적으로 전달하기 위해 데이터를 시각화하는 방법들을 가리키기도 합니다. 인포메이션 디자인은 [그림 2-5]에서 본 것처럼 네 가지 유형으로 분류됩니다. 항목별로 어떤 특징이 있는지 알아봅니다.

### 가설 검증형

"○○는 △△일 것이다(인 것이 아닌가?)"라는 가설을 데이터를 사용해서 검증하고, 사실인지 아닌지 확인하기 위한 시각화 유형입니다.

가령 '우리 회사의 매출의 반 이상은 기존 고객에 의한 것이다'라는 가설을 세웁니다. 신규 고객인지 기존 고객인지 분류하는 그래프/속성이 있어서 속성별로 매출을 집계해서 어느 쪽이 큰지를 시각화하면 가설이 사실인지 아닌지는 데이터로 증명됩니다. 사전에 데이터로 증명하고 싶은 가설이 시각화의 기점인 것이 가설 검증형의 특징입니다.

그림 2-6 가설 검증형 데이터 시각화

### 가설 탐색형

데이터 시각화를 시작할 때는 특별한 가설도 없고 데이터 시각화의 행위 그 자체로 가설을 세웁니다. 예를 들어보겠습니다. 제품 카테고리별로 매출 데이터를 시계열(시간순)로 시각화했을 때, 매출이 늘어난 제품 카테고리와 매출이 줄어든 상품 카테고리가 있는 것을 인식했습니다. 매출이 줄어든 제품 카테고리의 공통된 특징으로부터 '소비자용 제품 카테고리는 법인용 제품 카테고리에 비해서 고전하고 있다'라고 가설을 세울 수 있습니다.

막연한 목적, 의문
(예 : 매출을 늘리기 위해서 데이터로부터 무엇인가 알아낼 것이 있을까?)

**가설 탐색형**

막연한 목적, 의문
(예 : 매출을 늘리기 위해서 데이터로부터 무엇인가 알아낼 것이 있을까?)

데이터 시각화

데이터로부터 가설을 입안
(예 : 소비자용 제품 카테고리를 개선시키면 매출이 늘어나지 않을까?)

그림 2-7 가설 탐색형 데이터 시각화

## 사실 보고형

사업을 운영하면서 정기적으로 확인(모니터링)이 필요한 지표값을 정형적인 포맷으로 보고하려는 용도의 데이터 시각화 유형입니다. 예컨대 경영자용 경영 관리 대시보드에서는 매출, 이익, 고객 수, 클레임 발생건수와 같은 중요한 지표를 주별, 월별로 정기적으로 최신 데이터로 업데이트해서 확인합니다.

사실 보고형의 데이터 시각화에서는 지표값과 지표값을 분해하는 축(제품별, 부문별 등)은 모두 거의 고정되어 있습니다. 그래서 사용하는 그래프 표현이나 배치 레이아웃 등 화면은 똑같이 구성하되 수치만 변경하는 방법이 일반적입니다(이와 같은 형태를 스코어 카드나 KPI 대시보드라고 합니다).

착안해야 할 점, 연구해야 할 점 및 그것들에 대해 '좋다, 나쁘다'의 판단이라든지 이 사실을 기반으로 어떤 조치를 취할 것인가는 보고를 받는 사람에게 달려 있습니다. 사실 보고형 데이터 시각화는 정형 포맷에 의한 보고로 데이터의 내용물만 정기적으로 업데이트되기 때문에, 데이터 업데이트 작업을 자동화하거나 보고서를 정기적으로 메일로 보내는 등 정보 전달의 효율성이 중요합니다.

정기적으로 확인하고 싶은 지표
(예: 매출, 이익, 고객 수를 주별로 모니터링하고 싶다)

데이터 시각화

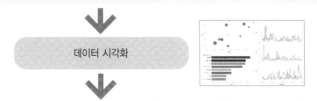

데이터로부터 경향을 파악, 착안점, 연구해야 할 점을 특정
(예 : 매출은 늘고 있지만 이익이 줄어드는 이유는 무엇인가?)

그림 2-8 사실 보고형 데이터 시각화


사실 설명형

사실 설명형 시각화 유형은 보통 가설 검증형이나 가설 탐색형의 데이터 시각화의 결과로 볼 수 있습니다. 데이터에서 확인된 사실이나 발견한 내용을 읽는 사람이 이해하기 쉽게 설명하기 위한 데이터 시각화 유형입니다.

데이터를 시각화하려는 이가 전하고 싶은 의도나 메시지가 있어서 어떻게 하면 상대방에게 올바르고 알기 쉽게 전할 수 있을지를 고민한 끝에 일련의 설명 즉, 프레젠테이션(사용하는 그래프 표현/배치 레이아웃이나 설명하는 순서/스토리)이 설계됩니다. 사실 설명형 데이터 시각화는 지표값이나 지표값을 분해하는 축, 데이터를 제한하는 조건, 주석이나 강조 표현 등은 작성자에 의한 설명을 근거로 선택되어 일회성인 경우가 많습니다.

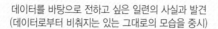

데이터를 바탕으로 전하고 싶은 일련의 사실과 발견
(데이터로부터 비춰지는 있는 그대로의 모습을 중시)

데이터 시각화

작성자가 전하고 싶은 것을 읽는 사람이 이해

그림 2-9 사실 설명형 데이터 시각화

## 데이터 아트의 분류

데이터 아트는 자신의 주장을 전달하거나 미적인 작품을 만들어 내기 위해 데이터를 시각화하는 기법의 총칭입니다. 다음과 같이 유형을 상세하게 분류할 수 있습니다.

### 주장 설득형

자신의 주장을 읽는 사람에게 이해 및 납득시키기 위한 데이터 시각화 방법입니다. 사실 설명형과 주장 설득형의 차이점은 데이터의 본래의 의미 즉, 데이터로 표현되는 사실을 있는 그대로 전달하기보다는, 주장하는 바를 데이터로 증명하거나 보강하거나 하는 것을 중시한다는 점입니다. 또 주목을 받거나 새로운 데이터임을 표현하기 위해 데이터 이외의 소재, 가령 관련된 사진이나 일러스트 등도 사용하는 등, 화려한 장식을 붙여서 표현하는 경우도 있습니다.

사실 설명형의 데이터 시각화에서도 받아들이는 사람에게 자신이 전하고 싶은 메시지를 이해시키기 위해 작성자의 의도로 데이터를 제한하거나 강조 표현을 하기도 해서 명확한 경계선을 긋기가 애매한 것도 있습니다.

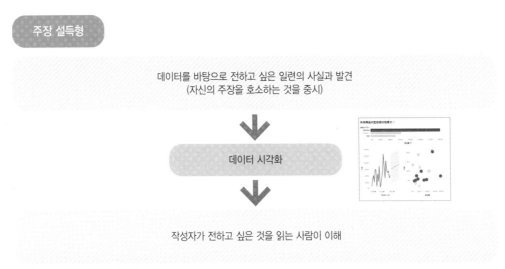

그림 2-10 주장 설득형 데이터 시각화

### 주장 표현형

자신의 주장하는 바를 보는 사람이 반드시 이해하지 않아도 상관없고 또는 읽는 사람의 존재조차 정해두지 않아서 "그냥 표현하고 싶다."라는 태도로 진행하는 데이터 시각화입니다.

순수하게 데이터 시각화 표현의 아름다움이나 새로움을 추구하기 위해 실행하는 창작 활동(아트)도, 주장 표현형에 속합니다. 이런 활동들로부터 지금까지 세상에 존재하지 않았던 새로운 차트 유형이 고안되기도 하고 그 정의가 사람들에게 전해지면 사실 설명형의 데이터 시각화 표현으로 사용되기도 합니다.

주장 표현형

데이터를 바탕으로 새로운 표현이나 아름다움을 추구

↓

데이터 시각화

↓

읽는 사람의 공감/감동

그림 2-11 주장 표현형 데이터 시각화

# 2.4 | 마무리하며

2.2절까지는 데이터 시각화의 목적을 설명한 후 실제로 막대 그래프, 꺾은선 그래프, 산포도를 예시로 살펴봄으로써 그래프로부터 얼마나 많은 정보를 순간적으로 읽어낼 수 있는지 알게 되었습니다. 2.3절에서는 데이터 시각화를 6개의 유형으로 분류함으로써 각 유형별로 활용하는 목적과 방법을 간단히 살펴보았습니다.

# 3장

# 데이터 시각화에 관한
# 정의 및 연구

3장에서는 데이터 시각화에 관한 정의와 연구를 설명합니다. 데이터 시각화의 이론적인 배경을 이해하면 다음 장에서 소개할 차트 유형 선택의 법칙과 실전편의 차트 디자인의 Before & After에 대한 이해가 더 깊어져 실무에도 응용하기 쉬워집니다.

3장을 읽으면서 이해하기 어렵다고 느껴진다면 일단 그대로 제쳐 두어도 괜찮습니다. [실전편] 4장부터 7장을 보면서 "왜, 이 방법이 보기 쉽고 이해하기 쉬운 걸까?"라고 의문이 생기면 돌아와서 다시 읽어보기 바랍니다.

# 3.1 | 데이터의 종류

데이터를 정확하고 효과적으로 시각화하려면 데이터에는 '종류'가 있음을 먼저 이해해야 합니다. 우선 데이터는 속성(질적) 데이터와 지표(양적) 데이터의 두 종류로 크게 나눌 수 있습니다. 데이터 시각화는 대부분 '합계'나 '평균'이라는 수치정보의 집계를 동반하지만 이때 집계의 축이 되는 것이 속성 데이터, 집계 대상이 되는 것이 지표 데이터입니다. 가령 '연도별·지점별, 매출합계'라고 했을 때 '연도'와 '지점'이 속성 데이터 '매출합계'가 지표 데이터입니다.

통계학이나 데이터 분석의 연구에는 여러 가지 설説이 있지만 속성 데이터를 4가지, 지표 데이터를 2가지로 상세 분류하여 총 6종류로 정의하겠습니다.

그림 3-1 데이터의 6종류의 분류

속성 데이터

| 명칭 데이터 | **정의** 사람이나 물건에 붙여진 이름 |
| | **예시** 남성, 여성(성별), 귤, 딸기(과일) |
| 지리 데이터 | **정의** 위도, 경도 정보(좌표정보)에 관련된 데이터 |
| | **예시** 시, 도, 군, 읍, 면, 동, 우편번호, 무선위치정보 |
| 날짜 데이터 | **정의** 년, 월, 일을 나타내는 데이터 |
| | **예시** 2005년 3월 13일(연속), "2005년" "3월" "13일"(불연속) |
| 순서 데이터 | **정의** 순서 그 자체에 의미가 있는 데이터 |
| | **예시** 금, 은, 동(메달), 만족, 보통, 불만(앙케이트 결과) |

지표 데이터

| 간격척도 데이터 | **정의** 간격만이 의미가 있는 데이터(절대적 제로 없음) |
| | **예시** 기온, 지능지수 |
| 비례척도 데이터 | **정의** 간격에도 값에도 의미가 있는 데이터(절대적 제로 있음) |
| | **예시** 매상, 신장, 체중 |

그림 3-2 데이터의 6종류의 예

## 명칭 데이터

명칭 데이터는 남성, 여성(성별)이나 귤, 딸기, 포도(과일명)와 같이 사람이나 물건에 붙여진 이름입니다.

일반적으로는 '귤과 딸기 중 어느 쪽이 더 맛있다'에는 절대적인 서열도, 상호 관계도 없습니다. 코드 값으로 남성을 1, 여성을 2로 표현하는 경우도 있지만 이것도 명칭 데이터로 분류됩니다. 1이나 2만 보면 수치지만 1(남성)보다 2(여성)가 '크다'라든가 '더 뛰어나다'라는 것도 없으며, 물론 코드 값의 합계나 집계를 한 결과는 아무 의미도 없습니다. 가령 남성 2명과 여성 3명의 총5명으로 구성된 그룹에서 성별 코드의 합계가 8이고 평균이 1.6이라는 집계 결과를 얻을 수는 있지만 이들 지표는 아무런 판단 재료가 되지 못합니다.

## 지리 데이터

시, 도, 군이나 읍, 면, 동 등과 같이 지도에 표시할 수 있는 위도, 경도 정보와 연결되는 것을 지리 데이터라고 합니다. 명칭 데이터의 특수한 예라고도 할 수 있습니다(지리 데이터도 위도, 경도 정보와 연결시키지 않으면 명칭 데이터로 사용할 수 있습니다).

우편번호도 읍, 면, 동이나 번지와 연결하여 위도, 경도 정보로 변환할 수 있기 때문에 지리 데이터로 분류됩니다. 데이터를 시각화할 때 지도상에 데이터를 맵핑해서 표현하면 굉장히 효과적이고, 보통 BI툴에 그와 같은 기능이 붙어 있습니다.

무선이나 카메라를 이용하여 확보한 위치 정보가 좌표 정보와 연결되는 경우도 지리 데이터로 사용할 수 있습니다. 예를 들어 쇼핑몰 등의 층별 평면도상에 고객들의 동선이나 체류시간을 맵핑하거나 공장 등의 평면도에 작업자의 동선이나 기계의 가동 상황을 맵핑할 수도 있습니다.

## 날짜 데이터

년, 월, 일을 나타내는 데이터로 날짜 데이터도 명칭 데이터의 특수한 예입니다. 시계열로 사물을 이해해야 할 때 집계 축에 사용하는 것이 날짜 데이터입니다.

그림 3-3 날짜 데이터의 연속과 불연속

날짜 데이터에는 '연속'과 '불연속'이라는 개념이 있는데 데이터 시각화의 목적에 따라서 어느 쪽으로 처리할지 구분할 필요가 있습니다. [그림 3-3]에서 보는 것처럼 '연속'의 날짜 데이터는 2005년 3월 13일의 전날은 2005년 3월 12일이며, 다음날은 2005년 3월 14일인 것처럼 모든 날짜가 연속으로 이어진다는 사실은 당연하다고 취급합니다. '불연속'의 날짜 데이터는 년, 월, 일의 '년(2005)'과 '월(3)', '일(13)'이 따로따로 취급됩니다.

'3월의 매출을 과거 5년 동안의 매출과 비교하고 싶다'면 '불연속'의 날짜 데이터를 집계 축에 사용할 필요가 있습니다. 또 '불연속'의 날짜 데이터만 재배열이 자유롭기 때문에, '과거 3년의 매출을 높은 순으로 재배열하면 2005년 〉 2003년 〉 2004년 순으로 된다'라는 표현도 가능합니다.

데이터의 연속, 불연속에 대해서는(날짜 데이터 이외에도 연속, 불연속이라는 개념이 있는 등) 표 계산 소프트웨어, BI툴에 의한 독자적인 정의나 사양이 있을 수 있으므로 여기서는 일반적인 이론만 설명하겠습니다.

## 순서 데이터

순서 그 자체에 의미가 있는(서열이 있는) 데이터로 문자로 표현할 때도 있고 숫자로 표현하는 경우도 있습니다.

대회의 메달의 색인 '금, 은, 동'도 순서 자체가 의미가 있습니다. 또한 고객의 단계가 정의되어 있는 단계 '1 : 제품에 흥미가 있음, 2 : 구입경험 있음, 3 : 애용자 등록완료'도 예로 들 수 있으며, 만족도 앙케이트에서 '5 : 매우 만족, 4 : 만족, 3 : 보통, 2 : 불만족, 1 : 매우 불만족' 등이 대표적인 순서 데이터입니다.

'5 : 매우 만족'이 ' 4 : 만족'보다도 만족도가 높다는 것은 명백하지만, 5와 4라는 숫자를 연산해서 '매우 만족은 만족의 1.25배의 만족도가 있다'라고 말할 수는 없습니다(그와 같은 집계 결과는 의미가 없습니다).

100미터 달리기에서 금메달을 딴 선수와 은메달을 딴 선수의 시간 차이가 0.01초이고 은메달과 동메달의 선수의 차이는 0.2초(0.01초 차이의 20배)인 경우도 있습니다만, '금, 은, 동'으로 표현하면 그와 같은 차이에 대한 정보는 삭제됩니다.

## 간격 척도 데이터

간격 척도 데이터는 지표값들 사이의 간격만 의미가 있는 지표 데이터입니다. 사칙연산 중에 덧셈과 뺄셈에는 의미가 있지만 곱셈과 나눗셈에는 의미를 갖지 않습니다.

기온을 간격 척도 데이터의 대표적인 예로 들 수 있습니다. 25℃와 20℃의 차이나 10℃와 5℃의 차이는 똑같이 5℃지만, 10℃가 5℃의 2배의 기온이라고 말할 수 없습니다. 이것은 기온 0℃가 '기온이 존재하지 않는다'라는 의미의 제로(이것을 절대영도라고 합니다)가 아니고 '0℃라는(한국사람은 몹시 춥게 느끼는) 실체를 동반한 기온이 존재한다'라는 의미이기 때문입니다(섭씨 0도는 화씨 32도와 같은 온도로 단위에 따라서는 0도가 아닙니다).

간격 척도 데이터의 대표적인 또 다른 예시로 지능지수가 있습니다. 측정 방식에 따라서 차이는 있지만 대부분 상한 160, 하한 40 사이의 값을 가지며 0은 기본적으로 존재하지 않습니다. 때문에 '지능지수 120인 사람이 지능지수 60인 사람보다 머리가 두 배 정도 좋다'라는 평가도 의미가 없습니다.


## 비례 척도 데이터

데이터의 간격에도 절대적인 값에도 의미가 있는 지표 데이터로 사칙연산 전부가 가능합니다. 이것은 간격 척도 데이터의 설명에서 언급한 절댓값 제로가 존재한다는 의미입니다.

예컨대 매출 0원은 '매출 자체가 없다'라는 의미의 제로로, 단위를 달러로 하거나 유로이거나 상관 없이 제로는 제로입니다. 절댓값 제로로 인해 100,000원은 50,000원의 2배, 800,000원은 200,000원의 4배라는 비율이 의미를 갖게 됩니다. 비례척도 데이터는 사칙연산뿐 아니라(여기서는 설명하지 않습니다) 대부분의 통계량(통계적인 연산을 실행한 결과)이 의미를 갖고 적용할 수 있는 분석 기법도 많아서 이용가치가 가장 높은 데이터 종류라고 할 수 있습니다.

가령 'A사의 매출 : 100,000원, B사의 매출 : 200,000원, C사의 매출 : 800,000원'이라고 했을 때, 비례 척도 데이터는 '매출이 높은 순서로, C사〉B사〉A사가 된다'라고 순서 데이터의 특성과 'B사, C의 매출의 차이는 600,000원이다'라는 간격 척도 데이터의 특성도 있다는 점에서 데이터로서의 이용가치가 상대적으로 높은 데이터 종류입니다.

| | 예 | = ≠ | < > | + − | × ÷ |
|---|---|---|---|---|---|
| 명칭 데이터, 지리 데이터, 날짜 데이터(불연속) | 성별, 도, 시, 군명 | ○ | × | × | × |
| 순서 데이터, 날짜 데이터(연속) | 메달의 색, 5단계 앙케이트 평가 | ○ | ○ | × | × |
| 간격 척도 데이터 | 기온, 지능지수 | ○ | ○ | ○ | × |
| 비례 척도 데이터 | 매출, 신장, 체중 | ○ | ○ | ○ | ○ |

비례 척도 데이터의 특징

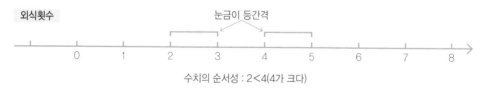

외식횟수

절댓값 제로 '0'은 '외식 회수가 전혀 없다'

▲ 절댓값 제로

외식횟수

눈금이 등간격

수치의 순서성 : 2<4(4가 크다)

▲ 등간격성과 순서성

절댓값인 제로가 있기 때문에 1의 배수는 2, 2의 배수는 4라는 척도가 생겨난다

그림 3-4 데이터 종류별로 가능한 연산

# 3.2 | 시각 속성과 게슈탈트의 법칙

인간은 사물을 지각할 때 다섯 가지 감각 즉, 시각, 청각, 촉각, 미각, 후각을 사용합니다. 그중에서 시각이 가장 강력하고 효율적인 지각 기관이며 정보 이해의 약 70%가 시각을 통해서 이루어진다고 일컬어집니다. '백문불여일견百聞不如一見'이라는 속담도 있듯이 시각의 중요성이 확실히 이해됐으리라 생각합니다.

## 시각 속성

한 가지 간단한 퀴즈를 내보겠습니다.

아래 나열된 숫자들 중에서 몇 개의 9가 있을까요? 5초 동안 세어 보십시오.

| | | | | | | | | | |
|---|---|---|---|---|---|---|---|---|---|
| 1 | 5 | 2 | 4 | 8 | 9 | 7 | 6 | 4 | 3 |
| 9 | 7 | 7 | 3 | 0 | 0 | 7 | 5 | 2 | 8 |
| 4 | 9 | 2 | 4 | 5 | 8 | 3 | 7 | 7 | 0 |
| 9 | 5 | 5 | 4 | 6 | 6 | 5 | 8 | 7 | 4 |
| 4 | 1 | 2 | 4 | 1 | 3 | 2 | 3 | 8 | 0 |
| 8 | 4 | 1 | 9 | 1 | 2 | 5 | 6 | 3 | 0 |
| 8 | 8 | 3 | 8 | 9 | 2 | 3 | 7 | 3 | 7 |
| 6 | 1 | 0 | 9 | 9 | 1 | 4 | 0 | 9 | 5 |
| 0 | 3 | 8 | 2 | 6 | 7 | 1 | 6 | 5 | 6 |
| 0 | 9 | 2 | 6 | 1 | 6 | 2 | 0 | 1 | 5 |

빠르고 정확하게 셀 수 있었나요? 눈으로 하나씩 숫자를 따라가면서 9를 세어 본다면 절대로 5초 안으로 전부 셀 수는 없었으리라 봅니다.

다음 그림에서 똑같이 9를 세어 봅시다.

| 1 | 5 | 2 | 4 | 8 | **9** | 7 | 6 | 4 | 3 |
|---|---|---|---|---|---|---|---|---|---|
| **9** | 7 | 7 | 3 | 0 | 0 | 7 | 5 | 2 | 8 |
| 4 | **9** | 2 | 4 | 5 | 8 | 3 | 7 | 7 | 0 |
| **9** | 5 | 5 | 4 | 6 | 6 | 5 | 8 | 7 | 4 |
| 4 | 1 | 2 | 4 | 1 | 3 | 2 | 3 | 8 | 0 |
| 8 | 4 | 1 | **9** | 1 | 2 | 5 | 6 | 3 | 0 |
| 8 | 8 | 3 | 8 | **9** | 2 | 3 | 7 | 3 | 7 |
| 6 | 1 | 0 | **9** | **9** | 1 | 4 | 0 | **9** | 5 |
| 0 | 3 | 8 | 2 | 6 | 7 | 1 | 6 | 5 | 6 |
| 0 | **9** | 2 | 6 | 1 | 6 | 2 | 0 | 1 | 5 |

자, 이번에는 5초 안에 정확하게 10개의 9를 세었으리라 생각합니다.

두 개의 표는 숫자의 개수도, 배치도 완전히 똑같지만 단 하나, 9를 표기한 색이 다릅니다. 첫 번째 표는 모든 숫자를 같은 색으로, 두 번째 표는 9만 빨간색으로 나타내고 다른 숫자들은 회색으로 표기했습니다. 이로 인해 우리 머릿속에서 일어나고 있는 정보 처리가 다음과 같이 달라집니다.

### [첫 번째 표] 모든 숫자를 회색으로 표기

- ① 하나씩 숫자를 식별하고 9를 발견한다.
- ② 발견한 9의 개수를 센다.

### [두 번째 표] 9만 빨간색으로, 나머지는 회색으로 표기

- ① 전체를 보고 9만 빨간색이고 다른 숫자들은 회색이라고 인식한다(정확하게 확인하지는 않았지만 거의 그러리라 추측한다).
- ② 빨간색 숫자를 발견한다.
- ③ 발견한 빨간색 숫자의 개수를 센다.

앞에서의 간단한 퀴즈로부터 전자보다 후자가 압도적으로 짧은 시간에 해답을 낼 수 있다는 것을 알았습니다. 인간의 시각 인지에서 '색'이 매우 강력한 속성이라는 것을 보여주는 예시였습니다. 강력한 속성이라는 것은 정보의 이해를 촉진시키며 그 시간을 단축시키는 측면을 가리킵니다. 이와 같이 표나 그림을 식별하거나 이해하기 위해 도움이 되는 표현을 '시각 속성'이라고 말합니다.

차트를 보거나 만들거나 할 때 알아두면 좋은 대표적인 시각 속성을 설명했습니다.

## 주요 시각 속성

| 시각 속성 | 아이콘 | 설명(예) |
|---|---|---|
| 위치 |  • • • • | 상, 하, 좌, 우 위치의 차이 |
| 길이 |  \| \| \| \| | 선과 막대의 길이 |
| 방향(각도) | 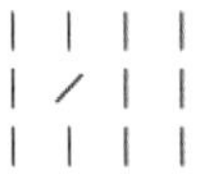 \| \| \| \|<br>\| / \| \|<br>\| \| \| \| | 물체가 어느 정도 기울어져 있는지의 기울기 |
| 굵기(폭) | 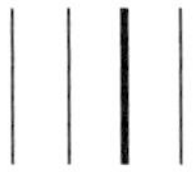 \| \| \| \| | 선과 막대의 굵기 |
| 크기(면적) | 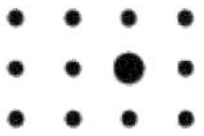 • • • •<br>• • ● •<br>• • • • | 물체의 크기 |
| 색(채도) | 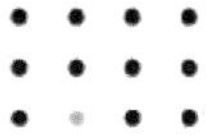 • • • •<br>• • • •<br>• • • • | 색의 그라데이션 |
| 색(색상) | 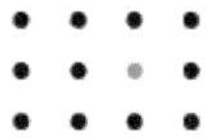 • • • •<br>• • • •<br>• • • • | 빨강, 파랑, 노랑이라는 색의 차이 |
| 형 | 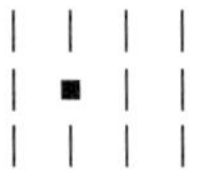 \| \| \| \|<br>\| ■ \| \|<br>\| \| \| \| | 동그라미, 세모, 네모라는 물체의 모양 |

그림 3-5 주요 시각 속성

위치

'상, 하, 좌, 우'라는 어떤 공간에서의 위치의 차이입니다. 깊이도 더해져서 3차원으로 표현할 수도 있습니다만, 인식의 편리성 측면에서 생각하면 표나 그림에서는 2차원만으로 표현하는 것을 추천합니다(실전편에서 소개하겠습니다).

### 길이

선이나 막대의 길이입니다. [그림 3-5]의 길이 부분의 아이콘을 살펴보면 왼쪽에서 두 번째의 선만 다른 선보다 길이가 짧아서 다른 3개의 선이 같다는 점이 한눈에 들어옵니다. 미묘한 길이 차이를 구별하는 인간의 능력은 상당히 높다는 것을 알 수 있습니다.

수치를 길이로 표현한 것이 막대 그래프입니다. 당연한 것이라서 별로 의식하지 않지만 막대 그래프에서 각 막대의 굵기(폭)는 같아야 합니다.

### 방향(각도)

물체가 어느 정도 기울어져 있는지로, 즉 각도라고도 말할 수 있습니다. 기울기가 전혀 없는 것과 조금 있는 것은 한눈에 구별되지만 어느 정도의 각도로 기울어져 있는지를 정확하게 인식하기는 어렵습니다.

### 굵기(폭)

선이나 막대의 굵기입니다. 굵은 선은 가는 선에 비해 강조되어 있다고 느끼기 쉬워서 자연스럽게 주목을 받는 효과가 있습니다.

### 크기(면적)

물체의 크기입니다. 길이와 굵기를 조합한 것, 즉 면적이라고 말할 수도 있습니다. [그림 3-5]의 크기 예시처럼 크기의 크고 작음은 한눈에 구별되지만 크기의 규모와 면적을 정확하게 파악하기는 어렵습니다.

### 색(채도)

색의 선명한 정도를 의미합니다. 같은 색상이라도 채도가 다르면 다른 색으로 보입니다. 위치에 따라서 색이 연속적으로 변하는 것을 그라데이션이라고 합니다. 색의 3가지 속성으로는 채도 외에 명도가 있습니다만, 책에서는 편의상 명도도 채도의 일부라고 보고 설명하겠습니다.

### 색(색상)

빨강Red, 파랑Blue, 노랑Yellow과 같은 색상의 차이입니다.

형

동그라미, 세모, 네모와 같은 물체의 모양입니다. 형태가 다르면 자연스럽게 다른 종류나 그룹이라고 인식하는 효과가 있습니다.

## 시각 속성의 강약

시각 속성에는 강약이 있다는 점을 기억해둡시다. 주관적인 견해이므로 절대적인 서열은 아니지만 보통은 [그림 3-6]과 같습니다.

시각 속성 : 강
(미묘한 차이지만 한눈에 알기 쉽다)

| 시각 속성 |
| --- |
| 위치 |
| 길이 |
| 방향(각도) |
| 굵기(폭) |
| 크기(면적) |
| 색(채도) |
| 색(색상) |
| 형 |

시각 속성 : 약
(미묘한 차이를 한눈에 알기 어렵다)

그림 3-6 시각 속성의 강약

음식을 젓가락으로 집어서 입으로 가져가거나 혼잡할 때 부딪히지 않고 걸어가는 장면을 상상해볼까요? 인간이 얼마나 물체의 위치 관계를 순간적으로 정확하게 파악해 생활하는지를 깨닫게 됩니다. **위치**는 가장 강한 시각 속성입니다.

다음으로 강한 속성은 **길이**입니다만, 미묘한 길이의 차이도 판별할 수 있는 막대 그래프가 가장 일반적으로 사용되는 그래프임을 납득할 수 있습니다.

막대 그래프와 마찬가지로 꺾은선 그래프가 일반적으로 사용됩니다. 꺾은선 그래프는 가장 강한 시각 속성의 '위치'와 세 번째로 강한 시각 속성인 **방향(각도)**이 결합된 표현입니다. 굵기(폭)와 길이(높이)를 곱해서 얻어지는 것이 크기(면적)이므로, 시각 속성의 **굵기(폭)**가 **크기(면적)**보다 요소가 단순하고 알기 쉽다고 말할 수 있습니다.

여기서 말하고 있는 강함은 '미묘한 차이지만 한눈에 알 수 있는가'입니다. 즉, 색이라고 하면 빨강과 파랑, 형태에서는 동그라미와 네모 등과 같이 큰 차이가 있는 것들을 선택적으로 사용함으로써 시각 속성의 '색'과 '형'도 충분히 유효하게 기능할 수 있게 만들 수 있습니다.

각 시각 속성에는 '어느 데이터의 종류에 적용할 수 있는가'라는 경험 요소가 있습니다. 예를 들어 '형' 과 '지표 데이터'가 교차하는 셀에 표시는 되어 있지 않지만, '매출합계 10을 네모로 표시하고 9를 세모로 표시, 8을 별로 표시, 7은 …'와 같은 방식은 실용적이지 않습니다(상당히 알기 어렵습니다).

| 시각 속성 | 지표 데이터 | 속성 데이터(순서 데이터) | 속성 데이터(기타) |
|---|:---:|:---:|:---:|
| 위치 | ○ | ○ | ○ |
| 길이 | ○ | ○ | |
| 방향(각도) | ○ | | |
| 굵기(폭) | ○ | ○ | |
| 크기(면적) | ○ | ○ | |
| 색(채도) | ○ | ○ | |
| 색(색상) | | | ○ |
| 형 | | | ○ |

그림 3-7 시각 속성과 적용할 수 있는 데이터의 종류

4장에서 소개할 다양한 차트 유형은 이들 시각 속성과 데이터 종류의 조합으로 구성되어 있습니다. 스스로 데이터 시각화를 해볼 때 이 경험요소를 적용하면 새로운 표현을 모색하면서도 상대가 직감적 으로 이해할 수 있는 내용으로 만들 수 있습니다.

# 게슈탈트의 법칙

시각 인지에 다양한 연구 결과가 보고되어 있습니다. 그중에서도 차트 디자인에 응용할 수 있는 유효한 연구가 게슈탈트의 법칙입니다. 4장부터 대표적인 법칙을 응용 사례와 함께 설명하겠습니다.

## ① 근접의 법칙

위치적으로 서로가 근접하고 있는 물체들은 같은 그룹으로 보이기 쉽습니다.

그림은 9개의 점이라기보다는 3개의 점이 3개의 묶음으로 있다고 자연스럽게 느낍니다. 인간은 무의식적으로 가까이 있는 물체를 같은 그룹으로 보는 경향이 있습니다.

다음은 숫자표를 본뜬 예를 살펴보겠습니다.
가로축의 간격이 세로축의 간격보다 넓기 때문에 위에서 아래로, 열별로 시선이 옮겨가게 됩니다.

다음의 예에서는 가로축의 간격이 세로축의 간격보다 좁아서 왼쪽에서 오른쪽으로, 행별로 시선이 이동하게 됩니다.

근접의 법칙을 응용하여 적절한 간격을 의도적으로 설정하면 선과 색을 과도하게 사용하지 않아도 그룹을 표현할 수 있습니다. 차트를 디자인할 때 앞에서 설명한 데이터 잉크 비율을 높일 수 있습니다.

② 유사성의 법칙

색과 형이라는 같은 시각 속성을 갖는 물체는 같은 그룹으로 보이기 쉽습니다.

두 개의 표식(심볼)의 위치 관계는 같습니다. 위치적으로는 가까운 물체가 있음에도 불구하고 같은 색과 같은 형을 가진 것들이 2개의 그룹으로 보입니다.

다음에 숫자표를 본뜬 예를 살펴볼까요?

근접성의 법칙에서도 소개한 것처럼 가로축의 간격이 세로축의 간격보다 좁지만, 같은 색상을 따라서 위에서 아래로 시선이 움직입니다. 사람에 따라서는 상하와 좌우로 어느 쪽으로 시선을 움직이면 좋을지 혼란에 빠지는 경우도 있습니다. 하지만 적어도 전부 같은 색이면 망설임 없이 좌우로 움직일 시선이, 색의 영향으로 상하로 움직이기 쉽다는 점은 실감할 수 있습니다.

### ③ 포위의 법칙

선이나 테두리로 둘러싸인 물체들은 시각 속성이 달라도 같은 그룹으로 간주되기 쉽습니다.

표식(심볼)의 위치 관계에 '가깝다 혹은 멀다'와 색의 차이가 존재합니다만, 그보다는 테두리의 안쪽인지 바깥쪽인지가 그룹을 구별하는 영향력이 크다는 것을 느낄 수 있습니다.

④ 폐쇄성의 법칙

일부가 빠진 것처럼 보이는 물체는 부족한 부분이 보충되기 쉽습니다.

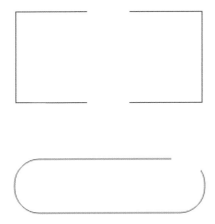

첫 번째 그림은 역디근자형과 디근자형의 2개의 선보다 일부가 빠진 사각형으로 보이는 경향이 있습니다. 두 번째 그림은 여러 부분이 굽어져 있는 하나의 선이라기보다 오른쪽 위가 빠진 고리로 보입니다. 이와 같이 물체가 불완전해도 동그라미나 네모와 같은 일반적인 형태로 인식하려는 작용이 생깁니다.

폐쇄성의 법칙을 응용하면 어떤 형이나 영역을 인식시키기 위한 선을 일부 생략할 수 있고 차트 디자인도 데이터 잉크 비율(2장 참고)을 높일 수 있습니다.

# 4장
# 데이터 시각화의 법칙

데이터 시각화의 용도에 따라서 적절한 차트의 유형은 달라집니다.
4장에서는 시각화할 차트의 목록을 소개하면서 어떤 목적으로, 어떤 경우에 합당한 차트 유형이 무엇인지
선택하는 방법을 설명하겠습니다.

# 4.1 | 데이터 시각화를 위한 용도별 분류

데이터 시각화를 이용하려는 목적, 즉 용도는 다음과 같이 8가지로 분류할 수 있습니다. 용도가 달라지면 사용하는 차트 유형이나 적절한 표현도 달라져야 합니다. 조합하는 방법은 4.2절 이후에서 설명하기로 하고 여기서는 종류별로 구체적인 예를 살펴보겠습니다.

그림 4-1 용도별 차트 분류

## 시계열 비교

어떤 지표가 시계열Time Series에 따라서 어떻게 변화하는가를 나타냅니다. 보통 어떤 양의 관측 결과를 일정한 기준에 따라 계열로 정리한 것을 통계 계열이라고 합니다. 관측한 어떤 값이나 통계량의 변화를 시간의 움직임에 따라 포착하고 이를 계열화했을 때 이와 같은 통계 계열을 시계열이라고 합니다(편집자 주). 시계열 관측값을 시각화하면 상승, 하강 등과 같은 경향(트렌드)이나 계절성이나 요일별 등의 규칙성(패턴)의 유무도 확인할 수 있습니다.

## 속성 비교

제품별, 고객별, 지점별 등과 같이 지표를 속성별로 분해한 후 비교하여 많음, 적음, 좋음, 나쁨과 같은 판단에 도움을 줍니다.

## 순위 비교

지표를 속성별로 분해한 후에 큰 순으로 또는 작은 순으로 정렬합니다. 속성 비교의 일종이라고도 할 수 있습니다. 비교할 속성의 수가 많을 경우에는 순서를 부여한 후에 상위와 하위 몇 번까지를 추출 및 표시할지를 정해서 주목해야 할 범위를 좁히는 것이 효과적입니다.

## 내역 비교

지표를 속성별로 분해한 후에 전체에 대해서 내역(구성비, 쉐어)을 표시합니다. 속성 비교의 일종이라고도 할 수 있습니다. 전체를 100%로 했을 때 속성별로 몇 퍼센트(%)를 차지하는지를 비교합니다.

## 분포 파악

지표를 속성별로 분해한 후에 변화의 상태와 확산 상태 즉, 어디에, 어느 정도에 해당 속성이 발생하고 있는지를 나타냅니다. 특정 지점에 집중 발생했다든가 전체적으로 흩어져 있거나 하는 상태를 시각화해서 상황을 파악하는 데 도움을 줍니다. 분포 파악은 집합에서 현저하게 떨어진 지점에 있는 이상치를 발견하는 데도 유용합니다.

하나의 지표에 대해서 그 지표 및 수치 폭을 '속성'이라고 보고 발생횟수를 기록하는 것을 **도수분포표(히스토그램)**라고 합니다. 두 개의 지표를 세로축과 가로축으로 하여 대상 데이터를 점으로 표시한 것은 **산포도**Scatter plot입니다. (책에서는 상세하게 설명하지 않지만) 분포에는 그 모양에 따라서 정규 분포, 이항 분포 등 여러 가지 종류가 있어서 분포의 종류에 따라서 적용할 수 있는 통계 기법도 달라집니다.

## 편차 분석

주목하는 특정(명세) 레코드에 대해서 모집단(전체)의 평균치와의 차이를 표시합니다. 분포 파악이 전체나 대개의 상황에 주목하는 데 반해서 **표준편차**는 살펴보려는 특정 레코드와 모집단(전체)을 비교함으로써 그에 비해 어느 정도 많은가 혹은 적은가라는 정도와 의미를 찾아냅니다.

## 상관 분포

일반적으로 두 가지가 서로 영향을 미치는 것을 상관이라고 말합니다. 데이터 시각화는 하나의 지표값이 증가할수록 다른 지표값도 증가하는가(긍정적인 상관관계) 혹은 하나의 지표값이 증가할수록 다른 지표값은 줄어드는가(부정적인 상관 관계)를 확인하는 것입니다. 지표값들 사이에서 증감이 들쑥날쑥한 움직임을 보일 경우는 '상관이 없다'라고 말합니다. 상관관계는 인과관계와 혼동하는 경우도 있습니다만 서로 다른 개념입니다. 상관이 있다는 것만으로는 하나의 지표값이 원인(이유)으로 다른 하나의 지표값이 증감했다고(인과관계) 확정할 수 없습니다. 여기에서는 나타나지 않은 다른 지표값이나 사상이 개입해 있을 가능성도 있습니다.

## 지도 분석

지리 데이터를 지도상에 배치(플롯)하여 시각화합니다. 예를 들어 판매 데이터를 분석할 때 점포의 소재지나 고객의 거주지가 지리 데이터로 시각화 대상이 될 수 있습니다. 혹은 건물 안이나 공장 안의 사람과 물건의 움직임을 위치 정보로 표시하는 것도 지도 분석의 일종으로 분류됩니다.

# 4.2 | 차트 유형을 선택하는 법칙

데이터 시각화의 용도 분류(8종류)에 따라서 적합한 차트 유형도 달라집니다. 절대적인 정답은 없지만, 각 용도 유형에서 세분화된 목적과 경우를 규정함으로써 선택해야 할 적절한 차트 유형을 설명할 수 있습니다.

차트 유형 선택의 법칙을 몸에 익혀 놓으면 제로 상태에서 데이트를 시각화할 때의 고민을 줄일 수 있습니다. 뿐만 아니라 레포트나 대시보드와 같은 데이터 시각화의 결과를 리뷰할 때도 도움이 됩니다.

데이터 시각화의 용도별 차트의 유형

- 시계열 비교
- 속성 비교
- 순위 비교
- 내역 비교
- 분포 파악
- 편차 분석
- 상관 분석
- 지도 분석

어떤 차트를 선택하면 좋을지 유형별로 정리해보겠습니다.

# 시계열 비교

기본적으로 어떤 경우에도 →  꺾은선 그래프

수량이나 금액의 양의 추이를 강조해서 보이고 싶다 → 영역 그래프

전체의 양과 복수의 속성내역의 추이를
합쳐서 보이고 싶다 →  누적영역 그래프

전체의 양에 구애 받지 않고
여러 개의 속성내역의 추이를 보이고 싶다 →  100% 누적영역 그래프

두 점 간격으로 좁혀서 비교하고,
올라갔는지 내려갔는지를 보이고 싶다 →  슬로프 그래프

한정된 작은 공간에서 대략의 경향을 보이고 싶다 →  스파크 라인

그림 4-2 용도별 차트의 분류 : 시계열 비교

4
장 / 데이터 시각화의 법칙

## 속성 비교

 속성 비교     지표를 속성별로 비교

| | | |
|---|---|---|
| 기본적으로 어떤 경우에도 | → | 막대 그래프(가로, 세로) |
| 두 가지의 지표값을 각각 보이고 싶다 | → | 그라데이션색의 막대 그래프 |
| 두 가지의 지표값을 같이 보이고 싶다<br>(지표값들 사이에서 값을 비교하고 싶다) | → | 브래드 차트 |
| 매우 많은 속성의 지표값의 크고 작음을<br>일람표 형식으로 보이고 싶다 | → | 히트맵 |
| 지표값 그 자체를 정확하게 보이고 싶다 | → | 스코어 카드 |

그림 4-3 용도별 차트의 분류 : 속성 비교


## 순위 비교

 순위 비교     지표의 대소로 만든 랭킹 순위

| | | |
|---|---|---|
| 기본적으로 어떤 경우에도 | → | 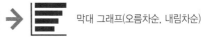 막대 그래프(오름차순, 내림차순) |
| 시계열로 순위의 변화추이를 보이고 싶다 | → |  반프 차트 |

그림 4-4 용도별 차트의 분류 : 순위 비교

## 내역 비교

내역 비교  전체에 대한 구성비를 확인

전체에 대해서 3종류 이하의 속성의 구성비를 보이고 싶다 →  원 그래프

전체에 대해서 다수의 속성의 구성비를 보이고 싶다 →  트리 그래프

전체의 양과 속성의 구성비를 함께 보이고
막대 그래프들 사이에서 비교하고 싶다 →  적립형 막대 그래프
(가로, 세로)

전체의 양과 속성에 연연하지 않고 속성의 구성비를 보이고
막대 그래프로 표현하여 비교하고 싶다 →  100% 적립형 막대 그래프
(가로, 세로)

그림 4-5 용도별 차트의 분류 : 내역 비교

## 분포 파악

분포 파악  집중, 이산의 상태를 파악

기본적으로 어떤 경우에도 → 산포도

데이터 전체의 변화의 경향을 한눈에 파악하고 싶다 → 히스토그램

데이터의 변화의 경향을 속성별로 비교하고 싶다 →  박스수염 플롯

그림 4-6 용도별 차트의 분류 : 분포 파악

## 편차 분석

 편차 분석      전체 중에서의 위치를 확인

중앙값이나 사분위 등의 통계량을 속성들 사이에서 비교하고 싶다    →     박스수염 플롯

그림 4-7 용도별 차트의 분류 : 편차 분석


## 상관 분석

 상관 분석      지표들 사이의 관계성을 파악

2개의 지표치의 관계성을 파악하고 싶다    →     경향선 있는 산포도

3개의 지표값의 관계성을 파악하고 싶다    →     버블 차트

그림 4-8 용도별 차트의 분류 : 상관 분석


## 지도 분석

 지도 분석      지표를 지도상에 맵핑

하나의 지표값을 영역들 사이에서 비교하고 싶다    →     도색 맵

2개의 지표값을 영역들 사이에서 비교하고 싶다    →     심볼 맵

그림 4-9 용도별 차트의 분류 : 지도 분석

# 4.3 | 차트 유형 목록

적어도 50개 이상 존재하는 차트 중에서 유용도가 높은 유형을 예시와 함께 설명하겠습니다. 차트 유형 사전처럼 활용해 주십시오.

## 차트 유형 : 막대 그래프(세로)

| 차트 유형 번호 | 01-01 |
|---|---|
| 주된 용도 | 속성 비교 |
| 유용도 | A |
| 필요한 축 | 1개 |
| 필요한 지표 | 1개 |
| 적용표현 | 길이, 색상 |
| 설명 | -. 막대의 길이(높이)로 데이터를 표현한다.<br>-. 카테고리별 지표값을 절대적으로도 상대적으로도 정확하게 표현할 수 있다.<br>　(축은 0부터 시작되는 것이 중요함) |

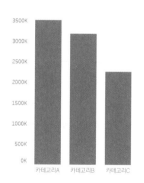
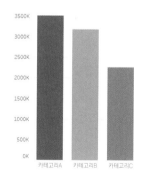

## 차트 유형 : 막대 그래프(가로)

| 차트 유형 번호 | 01-02 |
| --- | --- |
| 주된 용도 | 속성 비교 |
| 유용도 | A |
| 필요한 축 | 1개 |
| 필요한 지표 | 1개 |
| 적용표현 | 길이, 색상 |
| 설명 | -. 막대의 길이(높이)로 데이터를 표현한다.<br>-. 카테고리별 지표값을 절대적으로도 상대적으로도 정확하게 표현할 수 있다.<br>　(축은 0부터 시작되는 것이 중요함) |

## 차트 유형 : 막대 그래프(그라데이션)

| 차트 유형 번호 | 01-03 |
| --- | --- |
| 주된 용도 | 속성 비교 |
| 유용도 | A |
| 필요한 축 | 1개 |
| 필요한 지표 | 2개 |
| 적용표현 | 길이, 색상 |
| 설명 | 막대 색의 그라데이션으로 두 번째 지표의 크고 작음을 표현한다. |

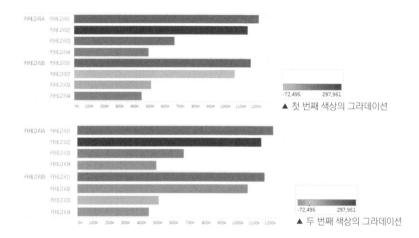

▲ 첫 번째 색상의 그라데이션

▲ 두 번째 색상의 그라데이션

## 차트 유형 : 적층 막대 그래프

| 차트 유형 번호 | 01-04 |
|---|---|
| 주된 용도 | 내역 비교 |
| 유용도 | A |
| 필요한 축 | 2개 |
| 필요한 지표 | 1개 |
| 적용표현 | 길이, 색상 |
| 설명 | 각 막대의 내역을 색으로 표현한다. |

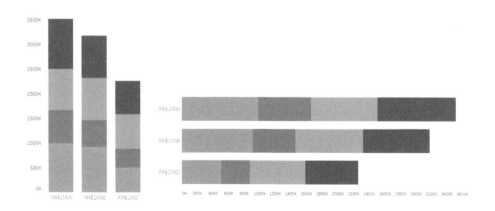

## 차트 유형 : 100% 적층 막대 그래프

| 차트 유형 번호 | 01-05 |
|---|---|
| 주된 용도 | 내역 비교 |
| 유용도 | A |
| 필요한 축 | 2개 |
| 필요한 지표 | 1개 |
| 적용 표현 | 길이, 색상 |
| 설명 | -. 막대 전체의 길이는 절대값이 아니고 100%를 의미한다.<br>-. 내역의 길이로 구성비만 표현한다. |

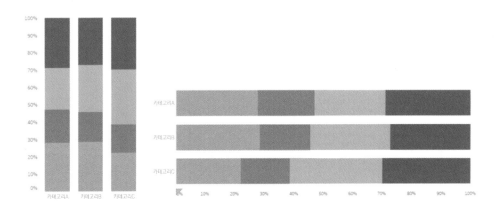

## 차트 유형 : 블래드 차트

| 차트 유형 번호 | 01-06 |
|---|---|
| 주된 용도 | 속성 비교 |
| 유용도 | A |
| 필요한 축 | 1개 |
| 필요한 지표 | 2개 |
| 적용표현 | 길이, 색상, 위치 |
| 설명 | 예산 달성도 등 2개의 지표를 비교하는 데 유용하다. |

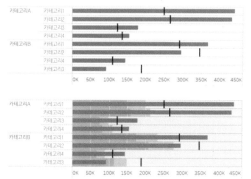

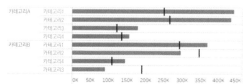

## 차트 유형 : 꺾은선 차트

| | |
|---|---|
| **차트 유형 번호** | 02-01 |
| **주된 용도** | 시계열 비교 |
| **유용도** | A |
| **필요한 축** | 1개 |
| **필요한 지표** | 2개(중에 하나는 간격치) |
| **적용표현** | 위치, 슬로프, 색상 |
| **설명** | -. 가로축의 연속적인 값에서 세로축의 수량을 비교하기 위해 사용된다.<br>-. 막대 그래프와는 달리 상대적인 경향만 표현할 때는 세로축이 0으로 시작하지 않아도 된다. |

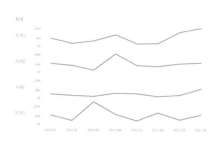

## 차트 유형 : 면 그래프

| 차트 유형 번호 | 02-02 |
|---|---|
| 주된 용도 | 시계열 비교 |
| 유용도 | A |
| 필요한 축 | 0개 |
| 필요한 지표 | 2개(중에 하나는 간격치) |
| 적용 표현 | 높이, 슬로프, 색상 |
| 설명 | 꺾은선 그래프와 비슷하지만 제로부터 지표값까지 색칠되어 있다.<br>(그래서 영역 차트 쪽이 양/누계값을 나타내고 있다는 인상을 준다) |

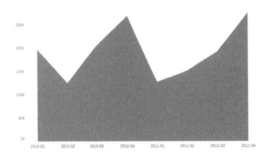 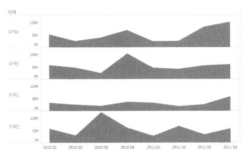

## 차트 유형 : 적립 면 그래프

| 차트 유형 번호 | 02-03 |
|---|---|
| 주된 용도 | 시계열 비교 |
| 유용도 | A |
| 필요한 축 | 1개 |
| 필요한 지표 | 2개(중에 하나는 간격치) |
| 적용표현 | 높이, 슬로프, 영역, 색상 |
| 설명 | -. 영역 차트의 내역을 색으로 표현한다.<br>-. 첫 번째 속성인 내역의 절대값/증감 상태는 알기 쉽지만 두 번째 이후의 속성은 띠의 높이로<br>표현되기 때문에 한눈에 알아보기는 어려운 편이다. |

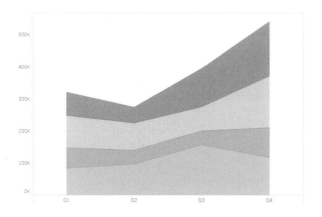

## 차트 유형 : 100% 적립 면 그래프

| 차트 유형 번호 | 02–04 |
|---|---|
| 주된 용도 | 시계열 비교 |
| 유용도 | A |
| 필요한 축 | 1개 |
| 필요한 지표 | 2개(중에 하나는 간격치) |
| 적용표현 | 높이, 슬로프, 영역, 색상 |
| 설명 | −. 영역 차트의 내역을 색으로 표현한다.<br>−. 높이는 절댓값이 아니고 구성비를 표현한다. |

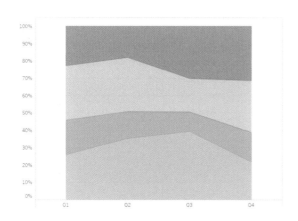

## 차트 유형 : 슬로프 차트

| 차트 유형 번호 | 02-05 |
|---|---|
| 주된 용도 | 시계열 비교 |
| 유용도 | A |
| 필요한 축 | 0개 |
| 필요한 지표 | 2개(중에 하나는 간격치) |
| 적용표현 | 위치, 관계(커넥션), 색상 |
| 설명 | -. 두 점 사이의 지표값을 비교하는 데 효과적이다.<br>-. 전과 후의 상태를 비교할 때 심플하게 표현하는 데 특히 유용하다.<br>-. 상승인지 하강인지를 색으로 표현할 수 있다. |

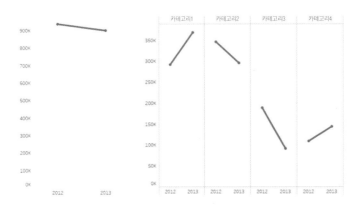

## 차트 유형 : 반프 차트

| 차트 유형 번호 | 02-06 |
|---|---|
| 주된 용도 | 순위 변화 |
| 유용도 | A |
| 필요한 축 | 1개 |
| 필요한 지표 | 2개(중에 하나는 간격치) |
| 적용표현 | 위치, 관계(커넥션), 색상 |
| 설명 | -. 순위를 표시하는 라인 차트의 파생형<br>-. 예시에서는 최근에는 1위인 속성이 전월에는 2위, 전전월에는 1위였다는 추이가 보인다. |

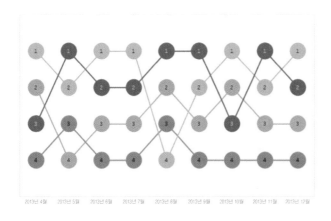

2013년 4월   2013년 5월   2013년 6월   2013년 7월   2013년 8월   2013년 9월   2013년 10월   2013년 11월   2013년 12월

## 차트 유형 : 스파크 차트

| 차트 유형 번호 | 02-07 |
|---|---|
| 주된 용도 | 시계열 비교 |
| 유용도 | A |
| 필요한 축 | 1개 |
| 필요한 지표 | 2개(중에 하나는 간격치) |
| 적용표현 | 위치, 슬로프 |
| 설명 | -. 상세한 수량이 아니고 변화나 경향을 읽어내기 위한 표현이다.<br>-. 좁은 공간에 표현할 수 있어서 대시보드에서 유용하다. |

| 차트 유형 번호 | 03-01 |
|---|---|
| 주된 용도 | 분포 파악 |
| 유용도 | A |
| 필요한 축 | 1개 |
| 필요한 지표 | 2개 |
| 적용표현 | 위치, 색상 |
| 설명 | 두 종류의 수치로 X축과 Y축을 플롯. 패턴이나 상관, 클러스터, 아웃라이어(이상치)를 나타낸다. |

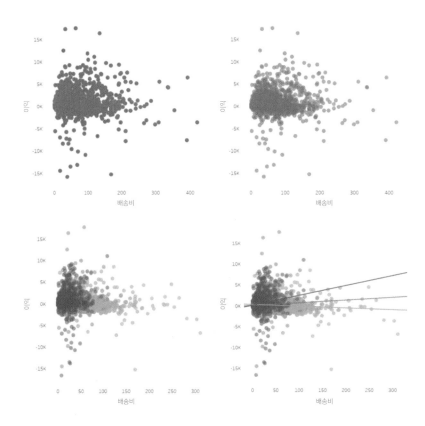

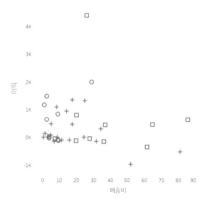

## 차트 유형 : 버블 차트

| 차트 유형 번호 | 03–02 |
| --- | --- |
| 주된 용도 | 상관 분석 |
| 유용도 | A |
| 필요한 축 | 1개 |
| 필요한 지표 | 3개 |
| 적용표현 | 위치, 색상, 영역 |
| 설명 | –. 마크의 색과 사이즈에 의해, 산포도에 정보를 부가한다 . <br> –. 애니메이션 및 모션으로 시계열적인 변화도 표현할 수 있다. |

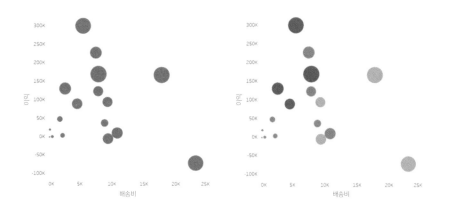

## 차트 유형 : 산포도 매트릭스

| 차트 유형 번호 | 03-03 |
|---|---|
| 주된 용도 | 상관 분석 |
| 유용도 | A |
| 필요한 축 | 3개 |
| 필요한 지표 | 2개 |
| 적용표현 | 위치, 색상 |
| 설명 | -. 스몰 멀티플 차트, 탈레리스 차트의 파생형<br>-. 산포도들 사이의 패턴 차이를 발견하기 쉽다. |

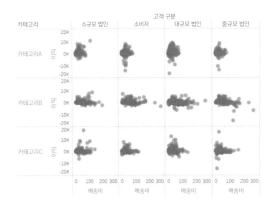

## 차트 유형 : 색칠 맵

| 차트 유형 번호 | 04-01 |
|---|---|
| 주된 용도 | 지도 분석 |
| 유용도 | A |
| 필요한 축 | 1개(지명 등 위도, 경도와 관련된 속성 정보) |
| 필요한 지표 | 1개 |
| 적용 표현 | 위치, 채도 |
| 설명 | -. 지도상에서 수치의 크기를 색의 그라데이션으로 표현한다.<br>-. 색상으로 지도 안에서의 카테고리를 표현하고, 카테고리 안에서 수치의 크기를<br>　색상의 그라데이션으로 표현하는 응용 표현도 가능하다. |

합계(이익)

-2,570,753    3,028,472

차트 유형 : 심볼 맵

| 차트 유형 번호 | 04-02 |
|---|---|
| 주된 용도 | 지도 분석 |
| 유용도 | A |
| 필요한 축 | 1개(지명 등 위도, 경도와 관련된 속성 정보) |
| 필요한 지표 | 1개 |
| 적용 표현 | 위치, 채도 |
| 설명 | -. 실질적으로 지도상에 산포도를 표시한 것<br>-. 애니메이션이나 모션을 사용하여 시계열적 변화를 표현할 수도 있다. |

합계(이익)

-2,570,753    3,028,472

## 차트 유형 : 버블 플로트 맵

| 차트 유형 번호 | 04-03 |
|---|---|
| 주된 용도 | 지도 분석 |
| 유용도 | A |
| 필요한 축 | 1개(지명 등 위도, 경도와 관련된 속성 정보) |
| 필요한 지표 | 2개 |
| 적용표현 | 위치, 채도 |
| 설명 | -. 실질적으로 지도상에 버블 차트를 표시한 것<br>-. 색을 반투명으로 하여 겹침을 표현할 수도 있다.<br>-. 애니메이션이나 모션을 사용하여 그 시계열적 변화를 표현할 수도 있다. |

 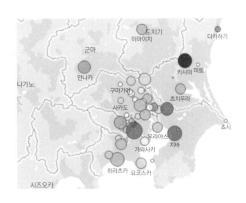

## 차트 유형 : 수치(그 자체)

| 차트 유형 번호 | 05-01 |
|---|---|
| 주된 용도 | 속성 비교 |
| 유용도 | A |
| 필요한 축 | 0개 |
| 필요한 지표 | 1개 |
| 적용 표현 | 색상 |
| 설명 | 숫자 그 자체. 스코어 카드라고도 한다. |

## 차트 유형 : 숫자표(크로스 집계표, 테이블)

| 차트 유형 번호 | 05-02 |
|---|---|
| 주된 용도 | 속성 비교 |
| 유용도 | A |
| 필요한 축 | 1개 |
| 필요한 지표 | 1개 |
| 적용 표현 | 위치, 색상 |
| 설명 | –. 축별로 집계값을 표로 나타낸 것<br>–. 강조, 판단보조를 위해서 문자나 배경에 색을 칠하는 경우도 있다. |

### 주문날짜

| 카테고리 | 고객 구분 | 2010 | 2011 | 2012 | 2013 |
|---|---|---|---|---|---|
| 카테고리A | 소규모 법인 | 112,266 | 92,168 | 158,007 | 241,543 |
| | 소비자 | 167,629 | 177,783 | 158,993 | 210,479 |
| | 대규모 법인 | 254,302 | 303,916 | 326,980 | 497,376 |
| | 중규모 법인 | 178,068 | 248,270 | 130,087 | 257,116 |
| 카테고리B | 소규모 법인 | 118,634 | 89,668 | 147,743 | 199,894 |
| | 소비자 | 173,115 | 135,437 | 190,876 | 197,038 |
| | 대규모 법인 | 229,085 | 242,799 | 357,762 | 319,640 |
| | 중규모 법인 | 139,865 | 213,742 | 240,221 | 183,103 |
| 카테고리C | 소규모 법인 | 169,394 | 75,310 | 124,731 | 149,015 |
| | 소비자 | 61,029 | 99,886 | 125,800 | 137,149 |
| | 대규모 법인 | 174,398 | 152,237 | 128,169 | 282,728 |
| | 중규모 법인 | 146,547 | 113,291 | 141,362 | 177,279 |

### 주문날짜

| 카테고리 | 고객 구분 | 2010 | 2011 | 2012 | 2013 |
|---|---|---|---|---|---|
| 카테고리A | 소규모 법인 | 112,266 | 92,168 | 158,007 | 241,543 |
| | 소비자 | 167,629 | 177,783 | 158,993 | 210,479 |
| | 대규모 법인 | 254,302 | 303,916 | 326,980 | 497,376 |
| | 중규모 법인 | 178,068 | 248,270 | 130,087 | 257,116 |
| 카테고리B | 소규모 법인 | 118,634 | 89,668 | 147,743 | 199,894 |
| | 소비자 | 173,115 | 135,437 | 190,876 | 197,038 |
| | 대규모 법인 | 229,085 | 242,799 | 357,762 | 319,640 |
| | 중규모 법인 | 139,865 | 213,742 | 240,221 | 183,103 |
| 카테고리C | 소규모 법인 | 169,394 | 75,310 | 124,731 | 149,015 |
| | 소비자 | 61,029 | 99,886 | 125,800 | 137,149 |
| | 대규모 법인 | 174,398 | 152,237 | 128,169 | 282,728 |
| | 중규모 법인 | 146,547 | 113,291 | 141,362 | 177,279 |

### 주문날짜

| 카테고리 | 고객 구분 | 2010 | 2011 | 2012 | 2013 |
|---|---|---|---|---|---|
| 카테고리A | 소규모 법인 | 112,266 | 92,168 | 158,007 | 241,543 |
| | 소비자 | 167,629 | 177,783 | 158,993 | 210,479 |
| | 대규모 법인 | 254,302 | 303,916 | 326,980 | 497,376 |
| | 중규모 법인 | 178,068 | 248,270 | 130,087 | 257,116 |
| 카테고리B | 소규모 법인 | 118,634 | 89,668 | 147,743 | 199,894 |
| | 소비자 | 173,115 | 135,437 | 190,876 | 197,038 |
| | 대규모 법인 | 229,085 | 242,799 | 357,762 | 319,640 |
| | 중규모 법인 | 139,865 | 213,742 | 240,221 | 183,103 |
| 카테고리C | 소규모 법인 | 169,394 | 75,310 | 124,731 | 149,015 |
| | 소비자 | 61,029 | 99,886 | 125,800 | 137,149 |
| | 대규모 법인 | 174,398 | 152,237 | 128,169 | 282,728 |
| | 중규모 법인 | 146,547 | 113,291 | 141,362 | 177,279 |

차트 유형 : 히트 맵

| 차트 유형 번호 | 05-03 |
|---|---|
| 주된 용도 | 속성 비교 |
| 유용도 | A |
| 필요한 축 | 1개 |
| 필요한 지표 | 1개 |
| 적용 표현 | 위치, 색상 |
| 설명 | –. 2축의 매트릭스상의 수치를 채도로 나타낸 표<br>–. 여러 개의 셀로 경향이나 비교가 가능하다.<br>–. 공간을 절약하거나 클릭하면 상세 윈도우를 표시하는 용도로 사용한다. |

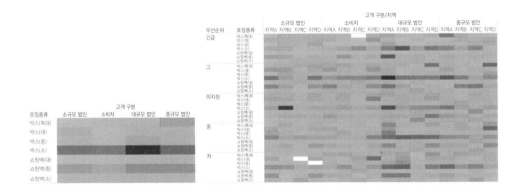

차트 유형 : 트리 맵

| 차트 유형 번호 | 06-01 |
|---|---|
| 주된 용도 | 내역 비교 |
| 유용도 | A |
| 필요한 축 | 1개 |
| 필요한 지표 | 1개 |
| 적용 표현 | 영역, 위치, 색상, 채도 |
| 설명 | –. 전체에서 구분된 사각의 면적으로 내역을 표현한다.<br>–. 색이나 위치로 부가적인 정보를 나타낸다.<br>–. 구획 안에 레이블을 표시할 수도 있다. |

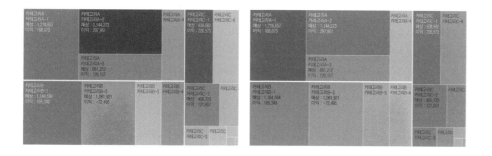

## 차트 유형 : 박스 수염 플롯

| 차트 유형 번호 | 06-02 |
|---|---|
| 주된 용도 | 편차 분석 |
| 유용도 | A |
| 필요한 축 | 0개 |
| 필요한 지표 | 1개 |
| 적용 표현 | 위치, 높이, 색상 |
| 설명 | -. 사분위를 표현한다.<br>-. 이상치 처리, 도트로 명세를 표현할 수 있는 파생형도 존재한다. |

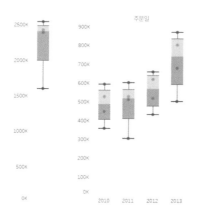

## 차트 유형 : 히스토그램

| 차트 유형 번호 | 06-03 |
|---|---|
| 주된 용도 | 분포 파악 |
| 유용도 | A |
| 필요한 축 | 1개(수치의 눈금 폭) |
| 필요한 지표 | 1개 |
| 적용 표현 | 높이, 폭 |
| 설명 | ─. 막대 그래프와 혼동하기 쉽지만 다른 차트이다.<br>─. 막대 그래프는 카테고리별로 비교를 촉진하는 데 반해 수치의 인터벌의 출현빈도로 분포를 표현한다.<br>─. 통상 각각의 막대들 사이에 간격을 두지 않는다. |

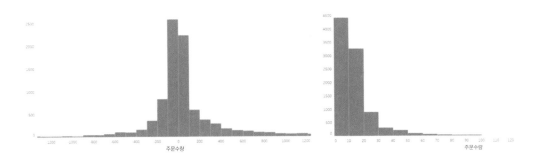

## 차트 유형 : 스몰 멀티플(토레리스 차트)

| 차트 유형 번호 | 06-04 |
|---|---|
| 주된 용도 | 속성 비교 |
| 유용도 | A |
| 필요한 축 | 2개 |
| 필요한 지표 | 1개 |
| 적용표현 | 위치 |
| 설명 | 개별 차트 유형은 아니지만 각 차트를 속성 축에 따라서 상하좌우로 배치하여 표시함으로써 효율적, 효과적으로 데이터를 비교할 수 있게 한다. |

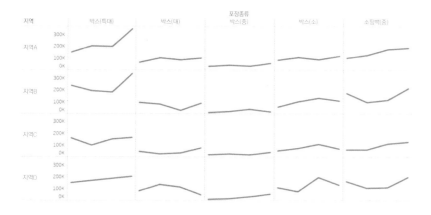

## 차트 유형 : 원 그래프(파이 차트)

| | |
|---|---|
| **차트 유형 번호** | 06-05 |
| **주된 용도** | 내역 비교 |
| **유용도** | A |
| **필요한 축** | 1개 |
| **필요한 지표** | 1개 |
| **적용 표현** | 각도, 영역, 색상 |
| **설명** | –. 전체에서 내역을 표현하기 위해서 널리 사용되는 차트 유형<br>–. 다수의 카테고리로 구성하는 것은 효과적이지 않고 카테고리가 4개 이상이면 막대 그래프나 직접 막대 그래프로 대체하는 것이 바람직하다. |

## 차트 유형 : 도넛 차트

| 차트 유형 번호 | 06-06 |
| --- | --- |
| 주된 용도 | 내역 비교 |
| 유용도 | A |
| 필요한 축, | 1개 |
| 필요한 지표 | 1개 |
| 적용 표현 | 각도, 영역, 색상 |
| 설명 | −. 원 그래프의 파생 유형<br>−. 원 그래프의 중심을 도려내고 레이블 표시장소로 활용해 공간을 유효하게 활용할 수 있다. |

여기까지 유용도 A의 차트 유형을 예시와 함께 소개했습니다. 이외의 차트 유형도 많습니다. 지금도 어디선가 새로운 차트 유형이 만들어지고 있을 것입니다.

## 유용도 B, C의 차트 유형

'유용도 B'와 '유용도 C'의 차트 유형을 소개하겠습니다. 흥미가 있는 분이나 사용해 보고 싶은 차트 유형이 있으면, 웹 등을 통해서 알아보시길 적극 추천합니다.

## 유용도 B의 차트 유형

- 도트 플롯
- 간트 차트
- 레이더 차트
- 워드 클라우드
- 상키 다이어그램
- 픽셀 바 차트
- 에리어사이즈 차트
- 스퀘어 파이 차트, 유닛 차트, 와플 차트
- 네트워크 다이어그램(노드 링크)

## 유용도 C의 차트 유형

- 래디얼 차트
- Glyph(글자체) 차트
- 호라이즌 차트
- 스트림 그래프
- 병렬 세트(병렬 코디네이트)
- 래디얼 네트워크(코드 다이어그램, 스트링 다이어그램)
- 콘투어 맵, 토폴로지컬 맵
- 버티컬 플로우 맵
- 카트 그램
- 패스맵(네트워크 커넥션 맵)
- 스파이더 맵(시점, 종점 맵)
- 밀도 맵
- 서클 패킹 다이어그램
- 버블 계층도
- 트리 계층도
- OHLC 차트
- 바코드 차트
- 플로우 맵

5장

# Hop!
# 인포메이션 디자인의 기본

데이터 리터러시를 높이기 위한 첫걸음으로 차트에서 사용하는 색과 장식, 각종 차트의 적절한 사용 방법과 선택하는 방법의 기초를 배워보겠습니다.

# 색은 강조하고 싶은 요소에 사용한다

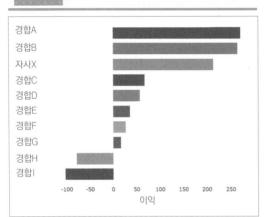

Before

그림 5-1

과제

색의 정보량이 많아서 정작 전하고 싶은 정보량을 전달하기 어려울 때

**해설**

인간의 뇌에 들어오는 정보가 많을수록 정작 필요한 정보는 전달되기 어려워집니다. [그림 5-1]에서 정보를 읽으려는 사람은 무엇에 주목해야 할까요?

막대 그래프는 막대의 길이로 양의 정보를 취득/비교하는 것입니다. 하지만 처음에 눈에 들어오는 정보가 컬러풀한 색이라면 더 중요한 양의 정보의 우선순위는 떨어지게 됩니다.

[그림 5-2]는 어떨까요?

순간적으로 눈에 들어오는 것은 파란 막대로, 그것이 다른 항목에 비해서 긴 부류에 속한다는 점을 파악할 수 있습니다. 작성자가 전하고 싶은 메시지가 명확해서 정보를 읽는 사람이 혼란스러울 여지가 없습니다.

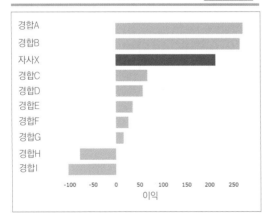

After

그림 5-2

개선책

무의미하게 다양한 색을 사용하지 말고 강조해서 전하고 싶은 요소에만 색을 사용한다.

### 대체안 ① 마이너스인 요소를 강조하고 싶은 경우

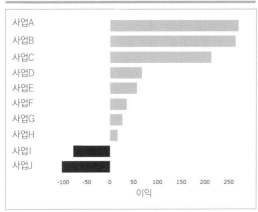

그림 5-3

### 대체안 ② 절댓값이 큰 요소를 강조하고 싶은 경우

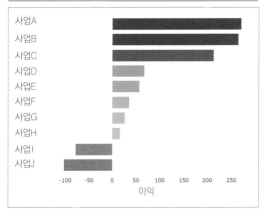

그림 5-4

[그림 5-3]과 [그림 5-4]에는 다른 안을 표시해 보았습니다.

[그림 5-3]은 적자를 낸 사업을 강조하고 싶을 때 특히 유용한 데 반해 [그림 5-4]는 플러스, 마이너스에 관계없이 금액의 규모가 다른 사업을 강조하고 싶을 때 유용합니다.

색을 사용하는 방법을 조금만 바꾸면, 전달되는 느낌이 완전히 달라지게 된다는 것을 알 수 있습니다.

시각화의 목적, 그러니까 작성자의 의사가 반영돼야 비로소 적절한 색을 사용할 수 있습니다. 차트로 하여금 보는 사람에게 '무엇을 전하고 싶은가' 항상 의식하기 바랍니다.

5장 / 좋은 인포메이션 디자인의 기본

# 색의 수는 최소한으로 사용한다

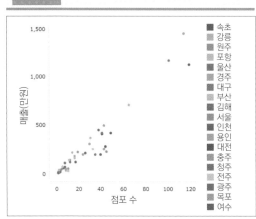

그림 5-5

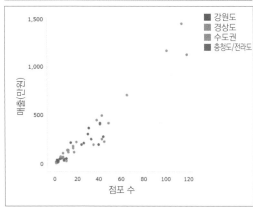

그림 5-6

**과제**

구분하기 위해 사용한 색이 많아서 오히려 파악하기 어려울 때

**해설**

[그림 5-5]는 산포도나 꺾은선 그래프에서 흔히 볼 수 있는 차트입니다. 색의 범례에는 스크롤하지 않으면 전체를 볼 수 없을 정도로 많은 색이 사용되고 있으며, 색상 또한 비슷한 것이 많아서 어느 점이 어느 지역을 가리키는지 알기 어렵습니다.

사용한 색이 5가지가 넘으면 같은 계열의 색을 사용하게 되는 경우가 늘어납니다. 비교 항목이 많으면 색만으로 각각을 구별하는 것은 어려우므로 사용하지 않는 편이 좋습니다.

가령 [그림 5-6]과 같이 지역별로 나누어서 색을 사용하면 현재 상태에서 새롭게 뭔가 발견할 수 있는 기회는 잃어버리게 되지만, 수도권 지역을 기반으로 하고 있다는 것을 바로 파악할 수 있어서 차트를 보는 사람의 부담을 덜어주는 효과가 있습니다.

**개선책**

색 수는 줄이고, 다른 단위를 사용하여 통찰력을 얻는다.

# 5.3 | 채도는 낮을수록 좋다

## Before

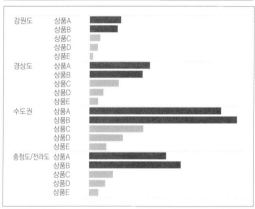

그림 5-7

## After

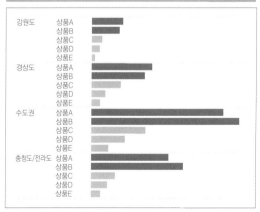

그림 5-8

## 과제

**색이 너무 현란할 때**

### 해설

색에는 색상(Hue), 채도(Saturation), 명도(Lightness)라는 3가지 특징이 있습니다.

[그림 5-7]은 색의 강도를 나타내는 채도, 즉 채도가 높은 빨간색을 사용하고 있습니다. 하지만 색이 너무 밝으면 필요 이상으로 색이 강조되어 그것이 노이즈가 되어 중요한 정보가 눈에 들어오지 않게 됩니다. 그래서 [그림 5-8]과 같이 채도가 낮은 색을 사용하는 것이 좋습니다. 채도를 낮추면 배색이 안정되어, 의식이 차트 안의 양적 요소, 막대 그래프라면 막대의 길이와 같은 요소에 집중할 수 있게 됩니다.

어쩌다 눈에 띄는 포스터처럼 수동적으로 보는 정보와는 다르게 차트는 캐치프레이즈나 장식으로 유혹할 필요는 없습니다.

### 개선책

**색의 채도를 낮춰서 과도한 현란함을 억제한다.**

# 5.4

# 색상이 다른 2색의 사용은 주의한다

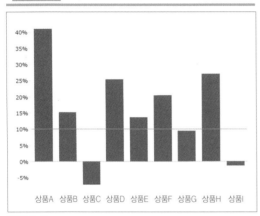

**Before**

그림 5-9

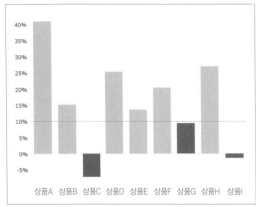

**After**

그림 5-10

**과제**

어느 쪽 색에 주목해야 하는지 알기 어려울 때

**해설**

[그림 5-9]에서는 10%를 기준으로 색상이 크게 다른 청색과 적색으로 색을 구분하고 있습니다. 색상의 차이가 크기 때문에 2가지의 색의 구별은 쉽게 할 수 있습니다.

하지만 작성자는 기준이 되는 10%를 넘는 것과 넘지 않는 것 중 어느 쪽을 차트를 보는 사람에게 강조하고 싶었던 걸까요?

예에서는 2가지 색의 색상이 필요 이상으로 눈에 띄어서 작성자의 의도를 파악할 수 없습니다.

한편 [그림 5-10]과 같이 무채색인 회색을 사용함으로써 10% 이하의 적색 항목에 초점을 맞추고 있다는 것이 일목요연해집니다.

다시 말하면, 차트를 보는 사람이 최단 시간에 필요한 정보, 즉 기준치(이 그림에서는 10%라인)에 도달하지 못한 제품이 무엇인지를 인식할 수 있게 됩니다.

**개선책**

색상이 없는 회색을 유효하게 활용하자.

# 5.5

**색의 기본⑤**

## 색 사용의 모순을 피해야 한다

**Before**

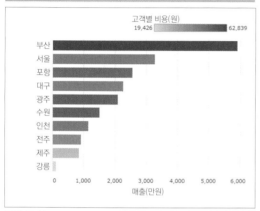

그림 5-11

**After**

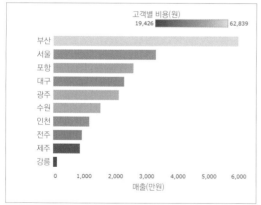

그림 5-12

**과제**

강조해야 할 요소와 색 사용이 직관적이지
않을 때

**해설**

[그림 5-11]은 매출의 막대 그래프에 색으로 '고
객별 비용(원)'이 시각화되어 있지만 '비용'이므로
색이 적을수록 좋습니다.

그러나 그래프의 그라데이션은 금액이 클수록 색
이 짙어지므로, 언뜻 보면 맨위의 '부산'이 가장
'좋다'라는 인상을 줍니다. 비용이 적은 지역을 강
조하고 싶다면 [그림 5-12]처럼 색을 반대로 사
용해야 의도한 요소에 초점이 맞추어 집니다.

비용이 높은 지역에서 경고의 의미로 강조하고
싶다면 [그림 5-11]도 위화감은 없지만 경고를 표
시할 때는 적색 계통이 효과적입니다. 이 부분은
다음 〈5.6 [색의 기본⑥]〉에서 설명하겠습니다.

무엇을 전하고 싶은지를 항상 염두에 두고 색을
선택해 주십시오.

**개선책**

강조하고 싶은 요소는 짙은색으로 하여 작성
자의 의도와 색의 사용 방법을 연동시킨다.

**5장／**그용? 인포메이션 디자인의 기본

# 5.6 | 색이 가지고 있는 이미지를 의식한다

**색의 기본⑥**

**Before**

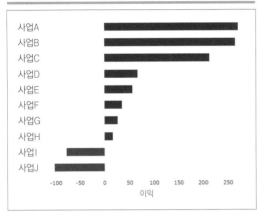

그림 5-13

**과제**

**색의 이미지와 색의 사용 방법이 일치하지 않을 때**

**해설**

[그림 5-13]에서 이익이 플러스이면 빨강, 마이너스면 파랑입니다. 보통 '적자'를 떠올리면 '빨강'을 떠올리며 마이너스를 연상시킵니다. 따라서 [그림 5-13]의 색은 직관적인 이미지와 수치가 일치하지 않는 위화감을 주는 차트가 되어 있습니다.

[그림 5-14]는 어떤가요? 마이너스가 빨강으로 적용되었습니다. 색의 범례를 참조하지 않아도 자연스럽게 인식할 수 있습니다.

기본적으로 법인 컬러나 브랜드 컬러를 '좋다' 혹은 '나쁘다'를 나타내는 색으로 사용하는 것은 좋은 생각이 아닙니다. 색이 원래 가지고 있는 이미지와 차트에서의 색의 의미 사이에 괴리가 생겨 차트를 볼 때마다 의미를 신경 써야 하기 때문입니다.

문화적 배경에 따라 적색이 '좋음'의 이미지를 갖기도 해서 의도한 이미지가 전해지지 않을 수 있음을 염두에 두기 바랍니다.

**After**

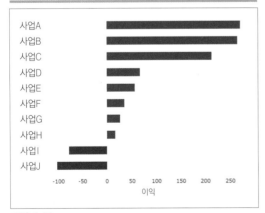

그림 5-14

**개선책**

**마이너스를 빨강으로 변경하고 해석하기 쉽게 한다.**

# 하나의 색에는 하나의 역할만 부여한다

## Before

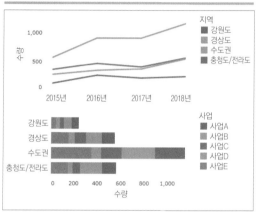

그림 5-15

## After

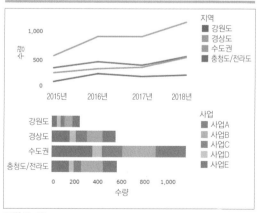

그림 5-16

### 과제

같은 보고서에서 하나의 색이 서로 다른 의미를 갖고 있을 때

### 해설

[그림 5-15]에서는 위쪽의 꺾은선 그래프로 트렌드를, 아래쪽의 누적형 막대 그래프로 최근의 사업별 구성을 표현하고 있습니다.

이때 꺾은선 그래프의 청색은 '강원도'를, 막대 그래프의 청색은 '사업A'를 나타내고 있습니다. 차트를 보는 사람의 사고 프로세스로는 꺾은선과 그 범례를 보고 청색이 '강원도'라고 인식한 후에 밑에 있는 막대 그래프를 보면 청색에 다른 의미가 있다는 것을 알게 됩니다. 한번 머릿속을 초기화해서 청색을 '사업A'로 바꾸지 않으면 안 돼서 불필요한 부담을 지우는 시각화의 사례라고 말할 수 있습니다.

[그림 5-16]과 같이 배색이 중복되지 않도록 하면, 색과 의미가 일치하게 되므로 정보를 파악하기 쉬워집니다.

### 개선책

배색을 중복시키지 말고 색과 의미가 일치하게 한다.

# 누구에게도 부담되지 않는 배색을 사용한다

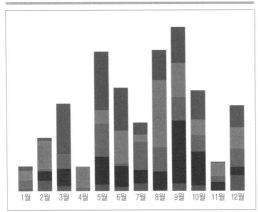

그림 5-17

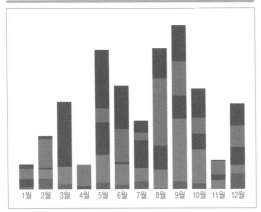

그림 5-18

**과제**

구별하기 어렵게 될 가능성이 있는 배색이
되어 있다.

**해설**

보통 생활 속에서는 의식할 기회가 적을지 모르
겠습니다만, 특히 남성에게는 5%의 선천성 색맹
(주로 2형 색맹)이 있다고 합니다

색에 정보를 부여했을 때 [그림 5-19]부터 [그
림 5-23]과 같이 색을 식별하기 어렵게 되면 정
확한 정보를 전할 수 없거나 틀린 판단의 원인이
되기도 합니다. 이런 경우 색의 조합을 변경하면
리스크가 대폭 줄어들게 될 가능성이 있습니다.

[그림 5-18]에서는 색맹이 있는 분도 보기 쉬운
배색을 사용하고 있습니다. 이렇게 하면 작성자
가 전하고 싶은 내용이 정확하게 전달될 가능성
도 높아집니다. 또 사용하는 색의 수가 늘어나면
식별이 어려운 색(예를 들어 적색과 녹색)이 붙어
있지 않도록 하는 것이 좋습니다.

**개선책**

누구라도 구분하기 쉬운 배색으로 변경한다.

원본 이미지는 왼쪽입니다. 대상자 수가 가장 많은 '2형 색맹'이면 어떻게 보이는지를 시뮬레이션해본 결과가 오른쪽입니다.

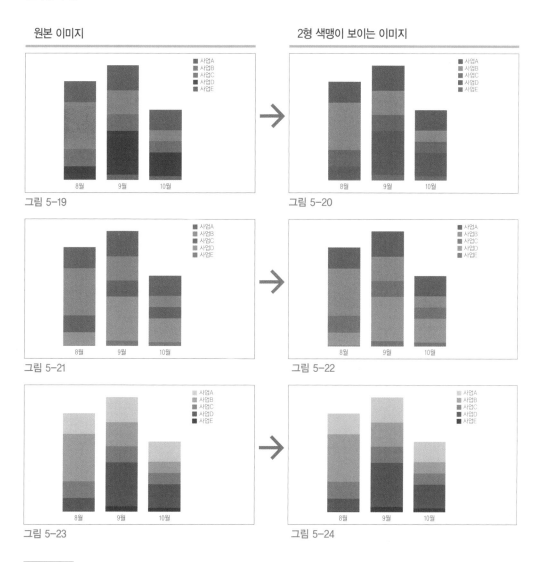

그림 5-19

그림 5-20

그림 5-21

그림 5-22

그림 5-23

그림 5-24

**키 포인트**

[그림 5-19]와 [그림 5-20]의 배색, '사업C'와 '사업D'의 경계가 구분하기 어렵습니다. [그림 5-21]과 [그림 5-22]의 색을 사용하면 어려움이 해소됩니다. [그림 5-23]과 [그림 5-24]와 같은 그라데이션 배색도 유효하지만, 색의 수가 늘어나면 이웃한 색의 구별이 어려워서 주의해야 합니다.

색이 어떻게 보이는지 Color Oracle(https://colororacle.org/) 등에서 간단하게 확인할 수 있습니다. 예를 들어 Color Oracle에서는 2형 색맹Deuteranopia 외에 1형 색맹Protanopia, 3형 색맹Tritanopia, 흑백Grayscale을 선택할 수도 있습니다. 특히 많은 사람이 보는 보고서는 유니버설 디자인을 의식해 배색에 주의해야 합니다.

# 5.9 무의미한 배경색은 사용하지 말자

**색의 기본⑨**

| | 수량 | 매출(만원) | 이익률 |
|---|---|---|---|
| 상품A | 552 | 10,267 | 16% |
| 상품B | 674 | 9,300 | 18% |
| 상품C | 363 | 3,651 | 15% |
| 상품D | 701 | 2,188 | 16% |
| 상품E | 726 | 1,138 | 18% |
| 상품F | 817 | 465 | 18% |
| 상품G | 1,133 | 1,394 | 13% |
| 상품H | 934 | 4,579 | 2% |
| 상품I | 718 | 9,118 | 6% |
| 상품J | 733 | 4,528 | 16% |
| 상품K | 690 | 1,069 | 19% |
| 상품L | 746 | 1,418 | 15% |

그림 5-25

After

| | 수량 | 매출(만엔) | 이익률 |
|---|---|---|---|
| 상품A | 552 | 10,267 | 16% |
| 상품B | 674 | 9,300 | 18% |
| 상품C | 363 | 3,651 | 15% |
| 상품D | 701 | 2,188 | 16% |
| 상품E | 726 | 1,138 | 18% |
| 상품F | 817 | 465 | 18% |
| 상품G | 1,133 | 1,394 | 13% |
| 상품H | 934 | 4,579 | 2% |
| 상품I | 718 | 9,118 | 6% |
| 상품J | 733 | 4,528 | 16% |
| 상품K | 690 | 1,069 | 19% |
| 상품L | 746 | 1,418 | 15% |

그림 5-26

## 과제

**배경색에 의한 그룹핑은 의미가 없을 때**

### 해설

[그림 5-25]에서는 2행마다 배경색이 설정되어 있습니다. 두 제품을 그룹으로 구별했을 때 의미가 없다면 작성자는 필시 '그냥 구별하기 쉽도록' 색을 설정했다고 생각됩니다.

색이나 선으로 둘러싸인 부분이 있을 때 〈3.2 시각 속성과 게슈탈트의 법칙〉에서 설명한 것처럼 차트를 보는 사람은 직감적으로 그룹이라고 해석해 잘못된 인식이 생길 여지가 생깁니다.

행별로 구별이 쉬우려면 [그림 5-26]과 같이 한 줄씩 교대로 배경색을 설정하면 불필요한 오해를 부르지 않습니다. 또 배경색이나 구분선을 짙은색으로 만들면 그 자체가 노이즈가 되어 불필요한 정보가 늘어나 간단하게 수치를 전달하려는 목적에는 역효과를 주어 주의해야 합니다.

### 개선책

**배경색을 교대로 설정하여, 불필요한 오해의 여지를 남기지 않는다.**

## 유사한 사례 : 위화감이 있는 배경색의 예

| 제품A | | | 매출(원) | 수량 | 이익률 |
|---|---|---|---|---|---|
| 제품A | 2015 | Q1 | 861 | 61 | 23% |
| | | Q2 | 1,283 | 86 | 24% |
| | | Q3 | 1,654 | 106 | 19% |
| | | Q4 | 901 | 76 | 23% |
| | 2016 | Q1 | 828 | 45 | 20% |
| | | Q2 | 1,976 | 133 | 19% |
| | | Q3 | 1,711 | 82 | 10% |
| | | Q4 | 2,731 | 159 | 16% |
| | 2017 | Q1 | 819 | 52 | 17% |
| | | Q2 | 1,665 | 111 | 17% |
| | | Q3 | 1,842 | 114 | 14% |
| | | Q4 | 1,400 | 113 | 15% |
| | 2018 | Q1 | 1,002 | 55 | 24% |
| | | Q2 | 2,966 | 153 | 11% |
| | | Q3 | 3,041 | 167 | 19% |
| | | Q4 | 3,258 | 177 | 14% |

그림 5-27

| 제품A | | | 매출(원) | 수량 | 이익률 |
|---|---|---|---|---|---|
| 제품A | 2015 | Q1 | 861 | 61 | 23% |
| | | Q2 | 1,283 | 86 | 24% |
| | | Q3 | 1,654 | 106 | 19% |
| | | Q4 | 901 | 76 | 23% |
| | 2016 | Q1 | 828 | 45 | 20% |
| | | Q2 | 1,976 | 133 | 19% |
| | | Q3 | 1,711 | 82 | 10% |
| | | Q4 | 2,731 | 159 | 16% |
| | 2017 | Q1 | 819 | 52 | 17% |
| | | Q2 | 1,665 | 111 | 17% |
| | | Q3 | 1,842 | 114 | 14% |
| | | Q4 | 1,400 | 113 | 15% |
| | 2018 | Q1 | 1,002 | 55 | 24% |
| | | Q2 | 2,966 | 153 | 11% |
| | | Q3 | 3,041 | 167 | 19% |
| | | Q4 | 3,258 | 177 | 14% |

그림 5-28 개선 방법

| 제품A | | | 매출(원) | 수량 | 이익률 |
|---|---|---|---|---|---|
| 제품A | 2015 | Q1 | 861 | 61 | 23% |
| | | Q2 | 1,283 | 86 | 24% |
| | | Q3 | 1,654 | 106 | 19% |
| | | Q4 | 901 | 76 | 23% |
| | 2016 | Q1 | 828 | 45 | 20% |
| | | Q2 | 1,976 | 133 | 19% |
| | | Q3 | 1,711 | 82 | 10% |
| | | Q4 | 2,731 | 159 | 16% |
| | 2017 | Q1 | 819 | 52 | 17% |
| | | Q2 | 1,665 | 111 | 17% |
| | | Q3 | 1,842 | 114 | 14% |
| | | Q4 | 1,400 | 113 | 15% |
| | 2018 | Q1 | 1,002 | 55 | 24% |
| | | Q2 | 2,966 | 153 | 11% |
| | | Q3 | 3,041 | 167 | 19% |
| | | Q4 | 3,258 | 177 | 14% |

그림 5-29 개선 방법

[그림 5-27]은 비슷한 사례입니다. 어디에 문제가 있을까요?

배경색이 4분기로부터 시작하고 있지만 색을 설정한 그룹이 연 단위입니다. 정보를 읽는 사람은 수치를 읽어 낸 후에 배경색이 있는 그룹이 무엇에 해당되는지 확인하려고 합니다. 색의 그룹은 '년'으로 정해져 있기 때문에 연도까지 배색해야 읽기 쉽고 자연스럽습니다.

[그림 5-28]과 같이 연 단위까지 연장하거나 4분기의 숫자로 구별하고 싶으면 [그림 5-29]와 같이 4분기 단위로 색을 교대로 설정하면 좀더 보기 쉬워집니다.

# 5.10

장식의 기본①

# 불필요한 테두리 선은 붙이지 않는다
## – 막대 그래프

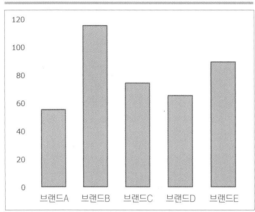

그림 5-30

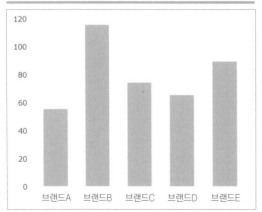

그림 5-31

## 과제

**막대 그래프의 테두리 선이 직관적인 이해를 방해할 때**

## 해설

[그림 5-30]의 막대 그래프에는 테두리 선이 그려져 있는데 익숙해서 위화감이 없습니다.

[그림 5-31]과 비교해 보겠습니다. 길이의 차이가 머릿속에 남는 쪽은 어느 그림일까요?

이와 같이 테두리 선에 의한 박스가 있으면, 우선 테두리로 눈이 가고 다음에 막대의 길이를 인식하게 됩니다. 한 단계 불필요한 처리가 머릿속에서 발생하기 때문에 직관적인 이해를 방해하게 됩니다.

[그림 5-31]과 같이 테두리 선이 없어도 전하고 싶은 것은 정확하게 전달됩니다.

테두리 선을 그리고 싶을 때는 막대의 색보다 눈에 띄지 않는 색의 선을 사용하면 좋습니다.

## 개선책

**불필요한 정보가 될 수 있으니 테두리 선은 배제한다.**

# 5.11 불필요한 테두리 선은 붙이지 않는다 – 숫자표

장식의 기본②

**Before**

| 상품명 | 수량 | 매출(만원) | 이익률 |
|---|---|---|---|
| 상품A | 552 | 10,267 | 16% |
| 상품B | 674 | 9,300 | 18% |
| 상품C | 363 | 3,651 | 15% |
| 상품D | 701 | 2,188 | 16% |
| 상품E | 726 | 1,138 | 18% |
| 상품F | 817 | 465 | 18% |
| 상품G | 1,133 | 1,394 | 13% |
| 상품H | 934 | 4,579 | 2% |
| 상품I | 718 | 9,118 | 6% |
| 상품J | 733 | 4,528 | 16% |

그림 5-32

**After**

| 상품명 | 수량 | 매출(만원) | 이익률 |
|---|---|---|---|
| 상품A | 552 | 10,267 | 16% |
| 상품B | 674 | 9,300 | 18% |
| 상품C | 363 | 3,651 | 15% |
| 상품D | 701 | 2,188 | 16% |
| 상품E | 726 | 1,138 | 18% |
| 상품F | 817 | 465 | 18% |
| 상품G | 1,133 | 1,394 | 13% |
| 상품H | 934 | 4,579 | 2% |
| 상품I | 718 | 9,118 | 6% |
| 상품J | 733 | 4,528 | 16% |

그림 5-33

**과제**

숫자표의 테두리 선이 직관적인 이해를 방해할 때

**해설**

[그림 5-32]의 숫자표는 셀별로 테두리 선이 전부 그려져 있습니다. 테두리 선은 값을 읽어내기 위한 보조선의 역할로 그리지만 모든 셀을 테두리 처리하면 선이 눈에 띄어 수치가 즉각 들어오지 않습니다. 이 정도의 행과 열의 개수로는 선이 없어도 잘못 인식될 여지는 없습니다.

[그림 5-33]에는 테두리 선이 없습니다만, 이익률 2%로 침체되어 있는 것이 상품H라는 것을 바로 알 수 있습니다. 그러니까 [그림 5-32]의 테두리 선은 삭제해도 문제가 없는 정보(=논 데이터 잉크)라고 말할 수 있습니다.

표의 테두리 선은 완전히 없애거나 최소한으로 필요한 것만 그려야 합니다.

[그림 5-33]에 무언가를 더해야 한다면 행별 경계선(가로선)을 흐리게 그리거나 행의 배경색을 흐리게 설정하는 것이 좋습니다.

**개선책**

숫자표의 테두리 선은 최소한으로 설정한다.

# 5.12 불필요한 장식은 하지 않는다
## 장식의 기본③ – 막대 그래프

Before

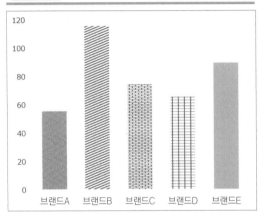

그림 5-34

After

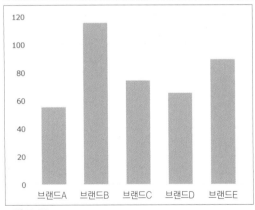

그림 5-35

### 과제

**과도한 장식이 직감적인 이해를 방해할 때**

### 해설

[그림 5-34]는 조금 극단적인 예시입니다. 소프트웨어가 그러한 기능이 있어서 무의식적으로 손이 가기는 합니다. 원래의 시각화의 목적을 다시 한번 생각해 보겠습니다.

인포그래픽스와 같이 사람의 눈을 끄는 것이 주목적인 경우에는 유효할지도 모르겠습니다. 하지만 막대 그래프의 원래의 용도인, '양의 상대적인 비교를 한다'가 주요 목적이라면 적절하지 않습니다. 각각의 장식으로 눈이가 길이를 직감적으로 비교하기가 어려워지기 때문입니다.

예를 들어 5초 동안 [그림 5-34]를 본 후에 눈을 감고, 인상에 남는 것이 막대의 길이인지 막대의 모양인지 생각해 볼까요? 답은 틀림없이 후자라고 생각합니다.

정확하고 빠르게 양을 비교하고 싶다면 [그림 5-35]와 같이 심플한 막대 그래프가 최고입니다.

### 개선책

**불필요한 장식은 배제한다.**

# 5.13
**장식의 기본④**

## 불필요한 장식은 하지 않는다
### – 꺾은선 그래프

**Before**

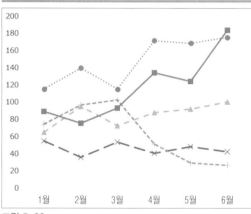

그림 5-36

**After**

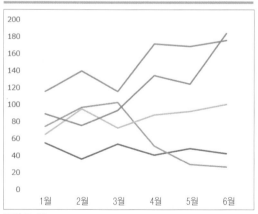

그림 5-37

**과제**

**과도한 장식이 직감적인 이해를 방해할 때**

**해설**

[그림 5-36]은 꺾은선 그 자체와 수치가 있는 모든 점에 장식이 되어 있습니다. 차트에 장식이 많아서 꺾은선이 본래 가지고 있는 트렌드(=경향)를 파악하기 어렵게 되고 그 인상도 머릿속에 남지 않습니다.

[그림 5-37]과 같이 색 이외의 장식 요소를 전부 삭제한 꺾은선 그래프로도 [그림 5-36]에서 전하고 싶었던 정보는 충분하게 전해집니다.
의도가 전해진다면 불필요한 정보는 배제하는 것이 좋습니다.

**개선책**

**불필요한 장식은 배제한다.**

# 5.14

# 너무 굵지도 너무 가늘지도 않게 한다
## - 막대 그래프

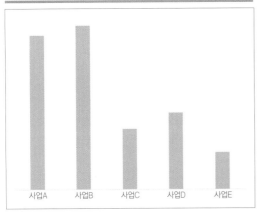

**Before**

그림 5-38

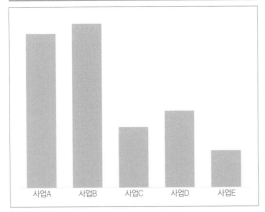

**After**

그림 5-39

**과제**

막대 그래프의 간격이 넓어서 여백이 더 눈에 띌 때

**해설**

[그림 5-38]에서는 막대 그래프가 가늘고 간격이 넓어서 공간이 비어 있어서 과도한 여백이 눈에 띄는 결과가 나타났습니다.

길이를 비교하기 위해 막대 그래프를 사용하고 있음에도 불구하고 사이가 벌어지게 되면 비교하기가 어렵습니다.

[그림 5-39]와 같이 막대의 폭의 반 정도로 하면 적당하고 보기도 쉬운 막대 그래프가 됩니다.

**개선책**

막대의 폭을 넓히고 막대와 막대 사이의 간격을 조금 좁게 한다.

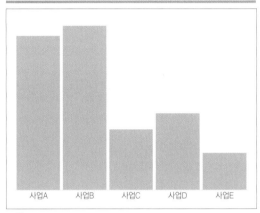

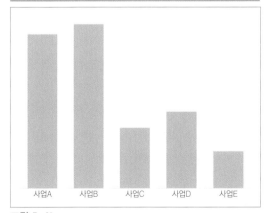

**Before**

그림 5-40

**After**

그림 5-41

## 과제

막대 그래프의 간격이 좁아서 각각의 길이가
눈에 띄지 않을 때

## 해설

[그림 5-40]은 막대 그래프가 굵어서 간격이 좁
아진 예입니다. 막대의 길이보다 전체를 면으로
인식하기 쉬워집니다. 그러므로 막대 그래프에
기대하는 역할이 약해지고, 당초의 비교 목적으
로부터 벗어나게 됩니다.

[그림 5-41]은 앞쪽의 [그림 5-39]와 똑같지
만 막대의 길이로 각각의 양을 비교하고 싶다면,
[그림 5-40]보다도 조금 간격을 넓게 조정한 [그
림 5-41] 쪽이 적당합니다.

## 개선책

막대의 폭을 좁게 하고 막대와 막대의 간격을
조금 넓힌다.

# 5.15

장식의 기본⑥

# 너무 굵지도 너무 가늘지도 않게 한다
– 꺾은선 그래프

**Before**

그림 5-42

**After**

그림 5-43

**과제**

꺾은선 그래프가 너무 굵어서 상세한 움직임을 알기 어려울 때

**해설**

[그림 5-42]는 꺾은선 그래프가 너무 굵어서 상세한 움직임을 알아보기가 어렵습니다.

적정한 굵기란 그래프의 크기, 기간, 데이터의 특징(변동의 크기)등에 의존하지만 결과적으로 너무 굵으면 변화를 읽어내기가 어렵고, 거꾸로 너무 가늘면 보기가 쉽지 않습니다(다음 페이지 참조).

[그림 5-43]은 [그림 5-42]의 굵기를 조금 가늘게 해서 상세한 변화도 시각화할 수 있도록 했습니다. 하지만 가로축의 선보다는 굵게 해야 합니다. 이렇게 하면 그래프를 봤을 때 꺾은선의 정보가 곧장 머릿속으로 들어옵니다.

**개선책**

상세한 움직임을 파악할 수 있는 굵기로 조정한다.

**Before**

그림 5-44

**After**

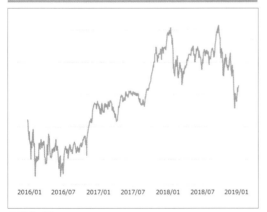

그림 5-45

**과제**

꺾은선 그래프가 너무 가늘어서 정작 그래프의
움직임을 보기 어려울 때

**해설**

[그림 5-44]는 꺾은선 그래프가 가는 패턴입니
다. 그림에는 눈금선이 들어 있는데 꺾은선은 눈
금선보다는 명확하게 굵게 해야합니다. 눈금선
은 보조선이므로 주목받아야 할 것은 꺾은선이기
때문입니다.

[그림 5-45]와 같이 꺾은선을 조금 굵게 하기만
해도 인상은 크게 바뀝니다.

↓

**개선책**

꺾은선의 굵기는 눈금선보다 굵게 한다.

5장／Hop! 인포메이션 디자인의 기본

# 5.16

**장식의 기본⑦**

## 눈금선은 될 수 있으면 눈에 띄지 않게 설정한다

**Before**

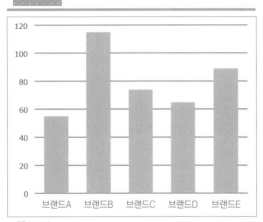

그림 5-46

**After**

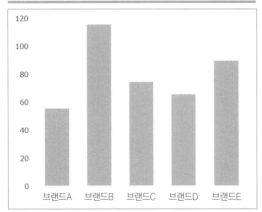

그림 5-47

**과제**

**눈금선이 필요 이상으로 눈에 띌 때**

**해설**

[그림 5-46]에서는 막대 그래프의 수치를 알기 쉽도록 친절하게 눈금선을 진하게 그렸습니다.

막대 그래프는 본래 여러 개 항목의 볼륨감을 상대적으로 비교하는 것입니다. 막대의 길이의 비교가 가장 중요하고, 각각의 수치가 얼마인지는 두 번째 순위가 되는 요소입니다.

눈금선이 너무 눈에 띄면 막대의 길이를 비교할 때 직감적인 이해를 방해하는 요인이 됩니다.

[그림 5-47]과 같이 옅은 선으로 그려도 충분히 눈금선으로서의 기능을 발휘합니다. 눈금이나 눈금선은 어디까지나 보조 역할자입니다.

상세한 수치 정보의 확인이 가장 중요한 요소라면 수치를 표시하거나, 막대 그래프상에 표시하는 형태로 값을 명시하는 것이 좋습니다.

**개선책**

**보조 역할인 눈금선은 눈에 띄지 않는 색으로 한다(또는 선을 삭제한다).**

# 5.17

# 여러 개의 레이블을 사용하지 않는다

## Before

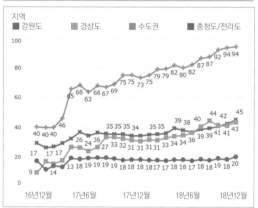

그림 5-48

## After

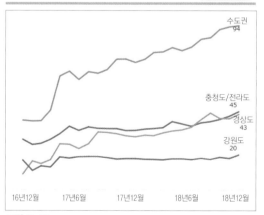

그림 5-49

## 과제

꺾은선의 모든 점에 레이블이 붙어 있어서 어지러울 때

### 해설

[그림 5-48]과 같이 상세한 값도 보고 싶어하는 사람들의 요구가 있을 때 그에 대응하여, 모든 점에 레이블을 붙이는 경우도 있습니다. 예는 꺾은선 그래프이지만 막대 그래프 등에서도 마찬가지입니다. 그러나 이렇게 하면 정보량이 너무 많아서 차트를 보는 사람의 부담이 늘어나 꺾은선 그래프의 특징인 경향 정보가 머릿속에 남지 않습니다.

트렌드를 파악할 때 [그림 5-49]와 같이 레이블을 최근의 것만으로 한정하면, 최근의 수치도 입수할 수 있어서 필요한 정보를 효과적으로 전달할 수 있습니다.

### 개선책

레이블은 중요한 요소에만 표시하고 다른 부분에는 될 수 있는 한 배제한다.

# 5.18

## 불필요한 장식을 제거하는 단계별 방법

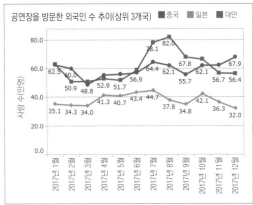

그림 5-50

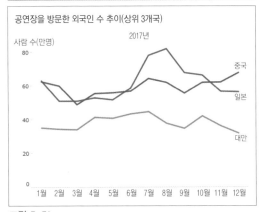

그림 5-51

### 과제

요소가 많아서 무엇을 전하고 싶은지 알기 어려울 때

### 해설

[그림 5-50]은 여러 가지 정보를 파악할 수 있도록 꺾은선 위에 표식이나 수치의 레이블, 세로축의 기준이 되는 경계선 등이 '전부 표시됨'인 상태입니다. 이 차트는 과연 효과적일까요?

꺾은선 그래프는 트렌드를 보는 것을 주요 목적일 때 유용하지만 정보가 너무 많으면 결과적으로 그 점이 노이즈가 되어 정작 트렌드 정보가 머리에 남지 않습니다.

[그림 5-51]처럼 심플한 꺾은선 그래프로 만든 경우엔 어떨까요? 정보가 한정되어 있으므로 각국의 트렌드가 머리에 바로 남지 않을까요?

이번에는 어떠한 관점으로 [그림 5-50]에서 [그림 5-51]로 개선시켰는지, 다음 페이지에서 순서를 따라가며 알아보겠습니다. 여기서도 논 데이터 잉크의 관점을 의식해서 개선합니다.

### 개선책

노이즈가 되는 정보를 배제하고 심플한 꺾은선 그래프로 변경한다.

## 1. 테두리 선과 괘선(가로, 세로선)의 잉크량 줄이기

테두리선은 불필요한 정보이고 세로축, 가로축도 눈에 띌 필요는 없습니다. 그래프의 괘선은 어디까지나 보조선이므로 삭제하거나 옅은 색으로 처리합니다.

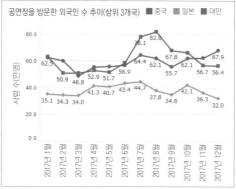

그림 5-52

## 2. 축의 레이블 개선하기

세로축에 소수점을 표시할 필요는 없으며 '사람 수'라는 것은 제목에 이미 있습니다. 읽기 어려운 옆 방향의 문자열도 위치의 변경과 년, 월과 분리시켜 어려움을 해소합니다.

그림 5-53

## 3. 레이블, 마크, 색 범례, 괘선, 세로축 라인 없애기

트렌드를 보여주는 것이 주요 목적이면 차트상의 레이블도, 꺾은선 위의 마크도 색의 범례도 필요 없습니다. 상당히 간단해집니다. 괘선과 세로축 라인도 과감하게 없애면 [그림 5-51]과 같이 됩니다.

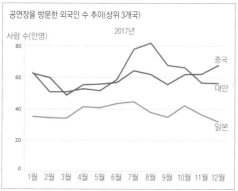

그림 5-54

## 4. 트렌드와 수치 추가하기

상세한 수치가 반드시 보고 싶다는 요청에 대응해야 한다면 꺾은선 그래프와 숫자표를 조합한 [그림 5-55]도 개선책이 될 수 있습니다. 트렌드와 수치를 공존시킬 수도 있습니다.

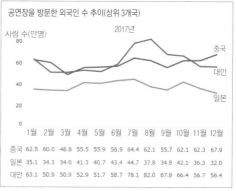

그림 5-55

# 5.19

## 3D차트는 사용하지 않는다 - 1

Before

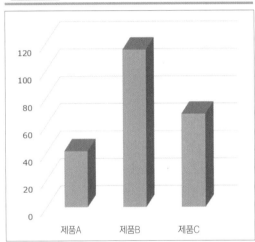

그림 5-56

After

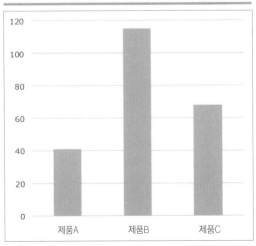

그림 5-57

### 과제

3D차트로는 정확한 정보가 전해지지 않을 때

### 해설

데이터를 알기 쉽고 효과적이며 정확하게 전달하는 것을 중요시하는 데이터 시각화에서 3D차트는 적절하지 않습니다.

비포(Before)의 [그림 5-56]은 3D의 막대 그래프이지만 제품C의 값을 한눈에 보고 이해 가능할까요?

처음에는 제품C의 막대 가장 위에서 세로축의 레이블을 수평적으로 보게 되어 80인 것처럼 착각하지만, 실제로 괘선을 따라가면 60이어서 직관적으로 이해하는 값과는 다릅니다. 제품C의 값은 실제로는 68입니다. 차트를 읽는 사람이 노력해 괘선을 따라가며 읽는다고 해도 값이 달라지는 일도 있습니다.

데이터를 잘못 인식할 수 있다는 위험이 항상 있기 때문에 정보를 정확하게 전하는 것이 목적이라면 3D차트의 사용하지 않습니다.

### 개선책

3D는 사용하지 말고 그래프는 간단하게 작성한다.

1. 제품C는 80정도인가?

2. 아, 괘선이 꺾여 있으니 60인가? 빠뜨리지 않아서 다행이다.

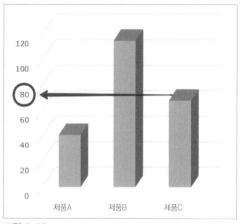

그림 5-58

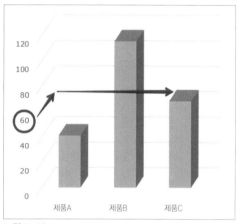

그림 5-59

3. 그런데 기울어진 것을 바로 세워보면….

4. 실제로는 이럴 수가! 70정도였네(정확하게는 68)!

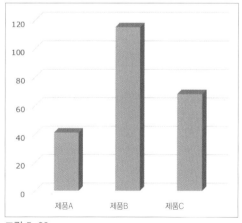

그림 5-60

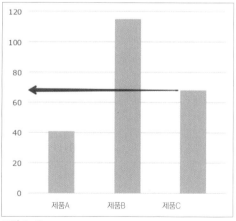

그림 5-61

# 3D차트는 사용하지 않는다 - 2

Before

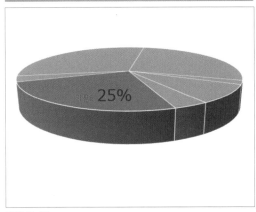

그림 5-62

After

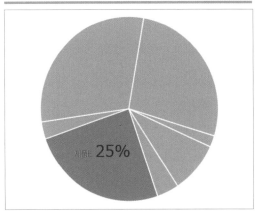

그림 5-63

### 과제

정확한 사실이 전달되지 않을 뿐더러 왜곡된
정보전달을 조장하고 있을 때

### 해설

[그림 5-62]와 같은 3D차트도 사용하면 낭패를
보는 경우가 있습니다. 3D의 경사가 사실의 왜곡
을 조장하기도 합니다.

특정 값을 과도하게 강조하기 위해 실제의 인상을
조작하여 3D차트를 사용하는 경우도 본 적이 있
습니다. 이것은 읽는 사람이 데이터를 잘못 읽기
를 기대하는 불성실한 방법입니다.

3D차트의 이러한 성질은 데이터 시각화 영역에서
잘 알려진 사실이며 금기사항입니다. 작성자가 의
도하지 않았다고 하더라도, 자의적으로 인상을 조
작했다고 받아들일 가능성이 있기 때문에 주의가
필요합니다. 정보를 정확하게 전달하기 위해 3차
원을 선택할 이유는 어디에도 없습니다.

### 개선책

3D는 사용하지 말고 그래프는 간단하게 작성
한다.

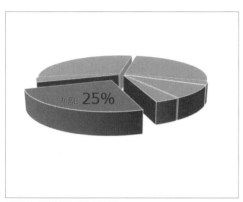

그림 5-64 부적절한 사례①

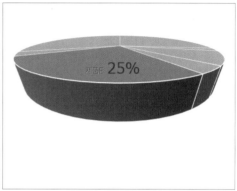

그림 5-65 부적절한 사례②

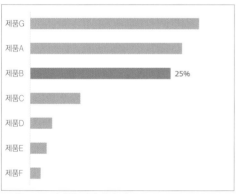

그림 5-66 적절한 시각화의 예

## 부적절한 사례

[그림 5-64]나 [그림 5-65]에서는 악의적인 의도를 느낄 수 있습니다. 특히 [그림 5-65]는 사실과 인상이 완전히 달라서 완전히 거짓말에 가까운 시각화입니다. [그림 5-64]도 분리하면 비교하기 어렵습니다. 수치를 올바르게 전하고자 하는 의도는 어디에서도 볼 수 없습니다.

차트를 읽는 이에게 성실하게, 정확한 정보를 빠르게 전하고 싶다면 2차원으로 그래프를 작성해야 하고 [그림 5-66]과 같이 내림차순의 막대 그래프가 적절합니다.

Before

|  | 2014 | 2015 | 2016 | 2017 | 2018 |
|---|---|---|---|---|---|
| 브랜드A | 60,834 | 65,159 | 67,378 | 68,215 | 67,531 |
| 브랜드B | 67,438 | 54,765 | 47,233 | 49,036 | 51,958 |
| 브랜드C | 45,645 | 46,229 | 50,571 | 52,527 | 50,982 |
| 브랜드D | 31,413 | 29,414 | 28,502 | 28,336 | 26,473 |
| 브랜드E | 17,596 | 21,083 | 24,548 | 25,427 | 25,984 |
| 브랜드F | 13,277 | 13,510 | 14,553 | 15,764 | 17,392 |
| 브랜드G | 45 | 38 | 793 | 2,987 | 14,130 |
| 브랜드H | 23,200 | 20,481 | 17,824 | 14,899 | 12,169 |

그림 5-67

과제

상세한 수치는 파악할 수 있지만 상대적인 양의 비교가 어려울 때

해설

[그림 5-67]은 일반적인 숫자표입니다. 그러나 업적을 평가하기 위해 각 연도별 순위가 중요할 때 숫자표로는 어느 브랜드가 1위인지를 판단하기가 어렵습니다.

[그림 5-68]의 막대 그래프는 어떨까요? 각 연도별로 1위 브랜드에는 다른 색을 사용하고 있기 때문에 한눈에 인식할 수 있고 2위 이하의 순위도 시각적으로 파악하기 쉽게 되어 있습니다.

차트에서 무엇을 읽어내기를 원하는지, 숫자표를 막대 그래프로 변경하는 것만으로도 전달되는 정보가 극적으로 바뀌어 차트를 보는 사람의 부담이 크게 줄어듭니다.

개선책

숫자표를 막대 그래프로 변경한다.

After

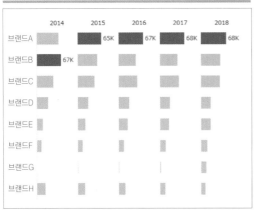

그림 5-68

# 5.22 축은 반드시 0에서 시작한다

**막대 그래프의 기본②**

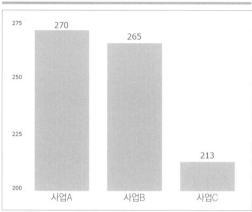

그림 5-69

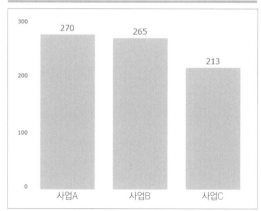

그림 5-70

**과제**

축의 시작점을 잘라내 차이가 과도하게 강조될 때

**해설**

[그림 5-69]는 막대 그래프의 세로축이 잘려서 시작점이 200입니다. 비슷한 그래프를 많은 곳에서 볼 수 있습니다만, 인상을 조작하는 방법으로 사용하지 않아야 합니다.

작성한 사람은 악의 없이 단순하게 차이를 알기 쉽게 하려고 축을 잘라냈을지도 모릅니다. 막대 그래프는 막대의 길이로 차이를 비교하기 쉽게 하는 것이므로 길이가 잘리면, 전체 양에서의 차이를 인식할 수 없게 되어 사실을 왜곡해서 전달하게 됩니다.

막대 그래프의 축은 [그림 5-70]과 같이 반드시 0에서 시작하도록 만듭니다.

**개선책**

축의 시작점을 0으로 변경한다.

# 5.23

막대 그래프의
기본③

# 비교용 막대 수를 과도하게 늘리지 않는다

**Before**

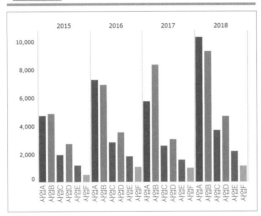

그림 5-71

**After**

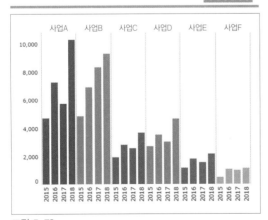

그림 5-72

**과제**

비교 대상이 되는 막대 개수가 많아서 알기
어려울 때

**해설**

[그림 5-71]의 막대 그래프에서는 각 연도별로 6
개의 막대가 늘어서 있습니다. 특정 해의 사업들
을 비교하면서 각 연도별로 트렌드도 보여주려는
의도가 느껴집니다. 하지만 가장 전하고 싶은 것
이 무엇인지 작성자의 의도가 전달되기 어려운
차트가 되었습니다.

막대 그래프의 항목수가 5개, 6개로 많아지면 비
교가 어려워집니다. 종류가 많아져서 눈이 막대
의 길이와 항목명을 왔다갔다하면서 확인해야 하
기 때문입니다.

[그림 5-72]와 같이 사업별로 구분한 후에 연도
별로 추이를 보여주는 형태로 만들면 그래프의
인상이 많이 달라집니다.

각 사업별 막대 개수도 4개가 되어서 연도별로 변
화를 알기 쉽게 되었고, 사업 간의 스케일(규모감)
의 차이도 쉽게 읽어낼 수 있게 되었습니다.

**개선책**

데이터를 자르는 방식을 바꿔서 막대의 비교
대상 개수를 줄인다.

### 대체안① : 사업별로 규모가 다름을 강조하고 싶은 경우

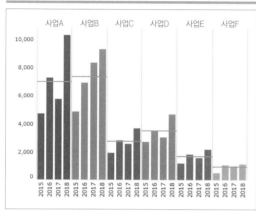

그림 5-73

### 대체안② 절댓값이 큰 요소를 강조하고 싶은 경우

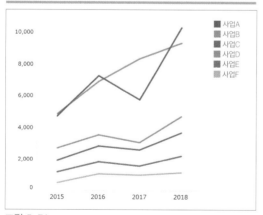

그림 5-74

## 키 포인트

[그림 5-73]과 [그림 5-74]는 서로 다른 개선 방법입니다.

각 사업의 규모를 조금 더 명확하게 보이고 싶을 경우, [그림 5-73]과 같이 각 사업의 평균선을 참조용으로 그려 넣으면, 비교가 쉬워집니다. 읽는 사람에게 '규모를 전하고 싶다'라는 작성자의 의사 표현도 됩니다.

보다 트렌드를 의식하게 만들고 싶거나 연도별로 각 사업의 위치 관계(순위 등)를 표시하고 싶다면 [그림 5-74]와 같이 꺾은선 그래프가 좀더 적절합니다.

읽는 이에게 무엇을 가장 전하고 싶은지 항상 의식하면서 차트를 선택합시다.

# 배치 순서에 의미를 둔다

**Before**

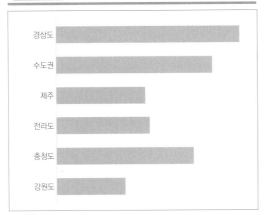

경상도
수도권
제주
전라도
충청도
강원도

그림 5-75

**After**

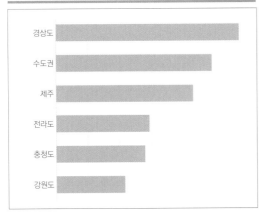

경상도
수도권
제주
전라도
충청도
강원도

그림 5-76

**과제**

**막대의 배치 순서에 의미가 들어 있지 않을 때**

**해설**

[그림 5-75]와 같은 막대 그래프는 자주 볼 수 있는 형태입니다.

엑셀(Excel)에서는 숫자표를 수작업으로 만든 후에 그래프로 바꿉니다. 숫자표를 작성할 때 배치 순서를 의미가 있는 것으로 바꾸면 괜찮지만 BI 툴 등으로 데이터베이스 등에서 직접 표를 작성할 때 디폴트 설정 상태에서는 알파벳 순으로 배치됩니다.

특히 한국어는 한글뿐 아니라 알파벳과 한자도 섞어서 사용할 때가 많아 기계적인 가나다순으로는 글자 배치를 하면 바로 이해하기 어렵습니다. 배치 순서를 의식적으로 제어하지 않으면 결과적으로 상당히 읽기 어려운 차트가 되기도 합니다.

[그림 5-76]과 같이 내림차순으로 배치하면 보기도 쉽고 순위를 나타내는 표로서의 역할도 하는, 결과적으로 정보를 잘 전달할 수 있는 차트가 됩니다.

**개선책**

**비교 항목을 내림차순으로 배치시킨다.**

## 대체안 : 지리적 위치관계로 항목을 배치한다

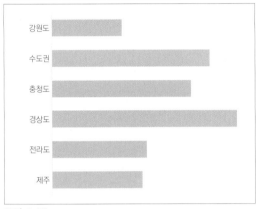

강원도
수도권
충청도
경상도
전라도
제주

그림 5-77

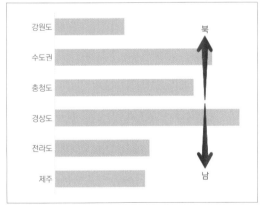

강원도
수도권
충청도
경상도
전라도
제주

북

남

그림 5-78

**키 포인트**

'영역'이나 '나라', '시, 도, 군' 등이 항목이라면 또 다른 개선책으로써, 지리적 위치 관계를 이용해 배치시킬 수 있습니다.

[그림 5-77]에 표시한 배치순은 [그림 5-78]에 표시한 것처럼, 북쪽에서 남쪽으로 순서를 고정해서 아주 자연스럽고 읽는 이에게 받아들여지기도 쉽습니다. 차트의 내용에서 한국의 중앙 지역에서의 볼륨이 크다는 것이 일목요연하게 표현되어 있습니다.

[그림 5-76]과는 다르게 순위의 의미는 없지만 지리적 위치관계는 변하지 않기 때문에 매번 보고서에서 항목의 상대적인 위치가 바뀌지 않습니다. 정례 리포트에서의 시각화에서는, 매회 같은 정렬순서로 볼 수 있으며 항목명이나 위치관계를 기억함으로써 매번 확인하는 절차를 생략할 수 있어 읽는 이의 부담이 경감되는 효과가 있습니다.

[그림 5-76]은 순위표의 의미를 가지게 된 결과입니다. 데이터가 갱신되면 정렬순서가 매번 바뀔 가능성이 있고 항목명을 항상 확인하면서 그래프를 볼 필요가 있습니다. 정기적인 보고서의 경우, [그림 5-77]과 같이 항목명의 위치를 고정하면 더 빠르게 상황을 파악할 수 있게 됩니다. 활용 장소에 따라서 어느 쪽이 좋은지 선택해서 사용하면 좋습니다.

# 5.25

**꺾은선 그래프의 기본①**

## 경향을 파악하고 싶을 때는 꺾은선 그래프를 사용한다

**Before**

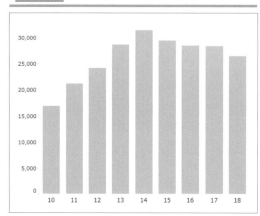

그림 5-79

**Before**

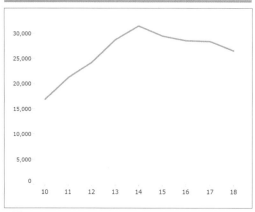

그림 5-80

**과제**

전체적인 경향을 파악하기 어려울 때

**해설**

막대 그래프는 각각의 막대의 길이로 각 항목을 비교하는 것이 장점이지만 전체적인 경향을 파악하는 데는 적합하다고 말하기 어렵습니다.

[그림 5-79]에서 18년이 다른 해에 비해서 어땠는지를 파악하는 것이 목적이라면, 막대 그래프로도 문제는 없습니다만, 10년부터는 어떤 트렌드로 지금까지 흘러왔는지를 파악하려면 꺾은선 그래프 쪽이 그 흐름을 바로 이해하기 쉽습니다. 막대 그래프로는 '트렌드를 파악하기 어렵다'라는 것은 아니지만, '흐름'을 이해하고 싶다면 연속성이 있는 '꺾은선 그래프'가 적합합니다.

**개선책**

막대 그래프를 꺾은선 그래프로 변경한다.

# 5.26

꺾은선 그래프의
기본②

# 축은 잘라내도 괜찮다

Before

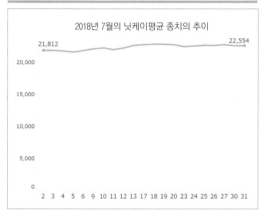

그림 5-81

과제

축을 0으로 시작하면 변동이 적어서 트렌드를
파악하기 어려울 때

해설

[그림 5-81]은 닛케이평균의 1개월 트렌드를 표
시한 것입니다. 닛케이평균은 1개월 안에 수천 엔
의 변화폭이 발생하는 경우는 드물고, 최근에는 2
만엔 전후로 추이하고 있습니다. 이와 같은 수치
의 트렌드를 시각화하려면 0을 축의 시작점으로
하면 변동폭이 작아져 트렌드를 파악하기 어렵습
니다. 그러나 하루에 수백 엔 레벨의 변화폭은 수
시로 생기고 실물경제에 대한 영향도 크기 때문
에 트렌드를 파악할 필요성은 상당히 높습니다.

[그림 5-82]와 같이 기간 안에 최댓값과 최솟값
이 들어갈 정도의 폭으로 꺾은선을 그리면 트렌
드가 상당히 보기 쉬워집니다. 또 최초의 값과
최후의 값을 명시해주면 변동폭도 전해져, 세로
축을 생략해서 보다 간단하게 만들고 있습니다.

꺾은선 그래프의 가장 중요한 역할은 선의 기울
기로 경향을 파악하는 것입니다. 제로 스타트를
고집할 필요는 없습니다.

개선책

축을 잘라내서 경향을 표현하기 쉽게 만든다.

After

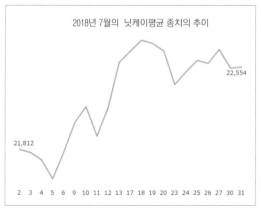

그림 5-82

5
장／
인포메이션 디자인의 기본

**129**

# 5.27

**꺾은선 그래프의 기본③**

# 위아래에 여백을 둔다

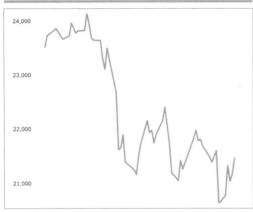

**Before**

그림 5-83

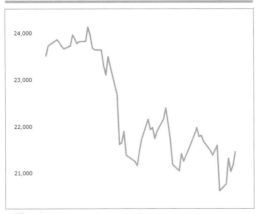

**After**

그림 5-84

### 과제

상하로 화면 가득히 꺾은선 그래프를 그려 트렌드가 과도하게 강조될 때

### 해설

[그림 5-83]처럼 그래프의 위아래로 여백이 거의 없이 꺾은선 그래프를 작성하면 상하의 진폭이 과도하게 강조될 위험이 있습니다. 〈5.26 [꺾은선 그래프의 기본②] 축은 잘라내도 괜찮다〉에서 설명한 것처럼 꺾은선 그래프는 0에서 시작할 필요는 없습니다. 다만 여백을 전혀 주지 않으면 읽는 사람에게 잘못된 인상을 줄 수 있어 주의해야 합니다.

상하 각각에 10~20% 정도의 여백을 주면 과도한 강조를 줄일 수 있습니다. [그림 5-84]는 위아래에 10%정도 여백을 주고 있습니다. 최소 이 정도는 여백을 설정하는 것이 좋습니다.

### 개선책

상하에 조금씩 여백을 준다.

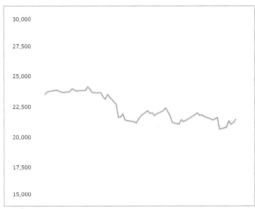

그림 5-85 여백을 너무 크게 준 경우

여백은 아무렇게나 설정해도 좋은 것은 아닙니다. 여백이 너무 넓으면 트렌드가 전해지지 않기도 합니다. [그림 5-85]는 축을 잘라내고는 있지만 상하에 여백을 너무 주어서 하락 트렌드를 줄여서 표시하고 있습니다. 이것은 적절하지 않습니다.

[그림 5-86]에서는 상하에 각 20% 정도의 여백을 주고 있습니다만, 차트 상하의 반 이상(60%)을 사용하는 정도까지가 여백의 상한선이라고 생각하면 좋습니다.

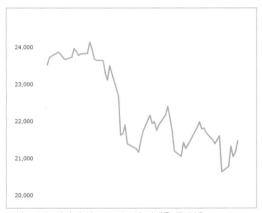

그림 5-86 상하에 각 20%정도의 여백을 준 경우

5장／Hop! 인포메이션 디자인의 기본

**131**

# 5.28 배치 순서를 항상 의식한다

**숫자표의 기본①**

---

## Before

**서울시 조기축구 리그 연간성적표 – 2016년**

| 팀명 | 시합 | 승 | 비김 | 패 | 승점 | 득점 | 실점 | 득실점차 |
|---|---|---|---|---|---|---|---|---|
| FC 가람 | 34 | 14 | 8 | 12 | 50 | 39 | 34 | +5 |
| FC 대청 | 34 | 8 | 6 | 20 | 30 | 39 | 59 | -20 |
| FC 신도림 | 34 | 12 | 9 | 13 | 45 | 45 | 52 | -7 |
| 능동젠틀맨즈 | 34 | 14 | 6 | 14 | 48 | 41 | 46 | -5 |
| 동작다비즈 | 34 | 10 | 11 | 13 | 41 | 29 | 34 | -5 |
| 라퍼스빌성산 | 34 | 17 | 6 | 11 | 57 | 47 | 35 | +12 |
| 마징메시즈 | 34 | 10 | 11 | 13 | 41 | 35 | 48 | -13 |
| 불광브라더스 | 34 | 13 | 11 | 10 | 50 | 39 | 38 | +1 |
| 상도타이거즈 | 34 | 13 | 6 | 15 | 45 | 44 | 54 | -10 |
| 상일슛맨파이터스 | 34 | 14 | 9 | 11 | 51 | 51 | 39 | +12 |
| 응암스타즈 | 34 | 12 | 5 | 17 | 41 | 56 | 56 | +0 |
| 자양가이즈 FC | 34 | 16 | 8 | 10 | 56 | 50 | 39 | +11 |
| 충무독수리 | 34 | 10 | 11 | 13 | 41 | 38 | 43 | -5 |
| 코리아헌터즈 | 34 | 14 | 7 | 13 | 49 | 56 | 48 | +8 |
| 태백스개봉 | 34 | 21 | 6 | 7 | 69 | 57 | 27 | +30 |
| 펠레가이즈마모 | 34 | 12 | 3 | 19 | 39 | 47 | 54 | -7 |
| 항동FC | 34 | 15 | 10 | 9 | 55 | 48 | 48 | +0 |
| 홍제FC | 34 | 12 | 5 | 17 | 41 | 52 | 59 | -7 |

그림 5-87

---

## After

**서울시 조기축구 리그 연간성적표 – 2018년**

| 순위 | 팀명 | 승점 | 시합 | 승 | 비김 | 패 | 득점 | 실점 | 득실점차 |
|---|---|---|---|---|---|---|---|---|---|
| 1 | 태백스개봉 | 69 | 34 | 21 | 6 | 7 | 57 | 27 | +30 |
| 2 | 라퍼스빌성산 | 57 | 34 | 17 | 6 | 11 | 47 | 35 | +12 |
| 3 | 자양가이즈FC | 56 | 34 | 16 | 8 | 10 | 50 | 39 | +11 |
| 4 | 항동FC | 55 | 34 | 15 | 10 | 9 | 48 | 48 | +0 |
| 5 | 상일슛맨파이터스 | 51 | 34 | 14 | 9 | 11 | 51 | 39 | +12 |
| 6 | FC 가람 | 50 | 34 | 14 | 8 | 12 | 39 | 34 | +5 |
| 7 | 불광브라더스 | 50 | 34 | 13 | 11 | 10 | 39 | 38 | +1 |
| 8 | 코리아헌터즈 | 49 | 34 | 14 | 7 | 13 | 56 | 48 | +8 |
| 9 | 능동젠틀맨즈 | 48 | 34 | 14 | 6 | 14 | 41 | 46 | -5 |
| 10 | FC 신도림 | 45 | 34 | 12 | 9 | 13 | 45 | 52 | -7 |
| 11 | 상도타이거즈 | 45 | 34 | 13 | 6 | 15 | 44 | 54 | -10 |
| 12 | 응암스타즈 | 41 | 34 | 12 | 5 | 17 | 56 | 56 | +0 |
| 13 | 충무독수리 | 41 | 34 | 10 | 11 | 13 | 38 | 43 | -5 |
| 14 | 동작다비즈 | 41 | 34 | 10 | 11 | 13 | 29 | 34 | -5 |
| 15 | 홍제FC | 41 | 34 | 12 | 5 | 17 | 52 | 59 | -7 |
| 16 | 마징메시즈 | 41 | 34 | 10 | 11 | 13 | 35 | 48 | -13 |
| 17 | 펠레가이즈마모 | 39 | 34 | 12 | 3 | 19 | 47 | 54 | -7 |
| 18 | FC 대청 | 30 | 34 | 8 | 6 | 20 | 39 | 59 | -20 |

그림 5-88

---

### 과제

배치 순서에 의미가 없어서 목적한 수치를 찾아내기 어려울 때

### 해설

[그림 5-87]은 서울시 조기축구 리그의 2016년 성적표입니다. 팀명이 기계적으로 가나다순으로 배치되어 있습니다. 〈5.24 [막대 그래프의 기본④] 배치 순서에 의미를 부여한다〉에서도 설명한 것처럼 가나다순으로는 올바르게 정렬되지 않습니다. 예에서는 '태백스개봉', '라퍼스빌성산', '자양가이즈 FC '의 순으로 배치되어 있습니다.

숫자표는 특정 항목의 그 수치를 정밀하게 확인하는 목적에 적합한 차트입니다. 항목과 팀명이 부적절한 순서로 배치되면 특정 항목을 검출하는 데 시간이 걸려 극도로 읽기 어려운 숫자표가 됩니다.

[그림 5-88]은 승점을 키로 해서 순위를 오름차순으로 배치하고 있습니다. 통상 보게 되는 성적표도 이런 형태가 많은데 특정 목적으로 배치했기 때문에 직감적으로 이해하기 쉽습니다. 숫자표를 작성할 때는 읽는 사람이 이해하기 쉬운 정렬 방법인지를 항상 고민해야 합니다.

### 개선책

숫자표를 성적순으로 재정렬한다.

# 5.29
## 숫자표는 자리 수를 맞춰서 오른쪽으로 정렬한다

**Before**

| 제품명 | 수량 | 매출(10만원) | 이익률 |
|---|---|---|---|
| 제품A | 552 | 10,267 | 16% |
| 제품B | 674 | 9,300 | 18% |
| 제품C | 363 | 3,651 | 15% |
| 제품D | 701 | 2,188 | 16% |
| 제품E | 726 | 1,138 | 18% |
| 제품F | 817 | 465 | 18% |
| 제품G | 1,133 | 1,394 | 13% |
| 제품H | 934 | 4,579 | 2.9% |
| 제품I | 718 | 9,118 | 6.2% |
| 제품J | 733 | 4,528 | 16% |

그림 5-89

**After**

| 제품명 | 수량 | 매출(10만원) | 이익률 |
|---|---|---|---|
| 제품A | 552 | 10,267 | 16.1% |
| 제품B | 674 | 9,300 | 18.3% |
| 제품C | 363 | 3,651 | 14.9% |
| 제품D | 701 | 2,188 | 15.7% |
| 제품E | 726 | 1,138 | 17.8% |
| 제품F | 817 | 465 | 18.2% |
| 제품G | 1,133 | 1,394 | 13.0% |
| 제품H | 934 | 4,579 | 2.9% |
| 제품I | 718 | 9,118 | 6.2% |
| 제품J | 733 | 4,528 | 16.1% |

그림 5-90

**과제**

### 수치의 배치가 제각각이어서 통일감이 없을 때

**해설**

[그림 5-89]는 극단적인 예입니다만, '수량'은 중앙 정렬, '매출(10만원)'은 왼쪽 정렬, '이익률'은 오른쪽 정렬이면서 소수점은 자리 수도 통일되어 있지 않습니다.

수치는 오른쪽 정렬이 기본 원칙입니다. 소수점의 자릿수는 표시 대상의 안에서, 예를 들어 '이익률' 안에서 반드시 통일하고 소수점의 위치가 상하로 맞춰지게 합니다. 표의 난이도가 완전히 달라집니다.

**개선책**

### 수치는 오른쪽 정렬, 소수점은 표시 자릿수도 통일한다.

# 5.30 수치는 가로보다 세로로 비교한다

숫자표의 기본③

**Before**

|  | 제품A | 제품B | 제품C | 제품D | 제품E |
|---|---|---|---|---|---|
| 수량 | 552 | 674 | 363 | 701 | 726 |
| 매출(10만원) | 10,267 | 9,300 | 3,651 | 2,188 | 1,138 |
| 이익률 | 16% | 18% | 15% | 16% | 18% |

그림 5-91

**과제**

비교하고 싶은 수치가 옆으로 늘어서 있을 때

**해설**

[그림 5-91]는 세로로 평가지표, 가로로 제품이 정렬되어 있습니다. 각 제품의 KPI가 '수량', '매출(10만원)', '이익률'의 3가지 지표로, 각각의 제품에 대해서 3지표를 확인하기만 하면 된다면 이 배치로도 문제는 없습니다.

하지만 제품끼리 비교할 때는 어떨까요?

**개선책**

숫자표의 세로와 가로를 바꾸어서, 비교하고 싶은 수치는 세로로 정렬한다.

수치는 가로로 늘어놓으면 비교하기 어렵습니다. 비교하는 수치는 [그림 5-92]와 같이 세로로 늘어놓고 자릿수를 맞춰주면 확실히 보기 쉽습니다.

**After**

| 상품명 | 수량 | 매출(10만원) | 이익률 |
|---|---|---|---|
| 제품A | 552 | 10,267 | 16% |
| 제품B | 674 | 9,300 | 18% |
| 제품C | 363 | 3,651 | 15% |
| 제품D | 701 | 2,188 | 16% |
| 제품E | 726 | 1,138 | 18% |

그림 5-92

[그림 5-93]과 [그림 5-94]를 보면 일목요연하지만 가로보다는 세로 방향이 비교하기는 쉽습니다.
[그림 5-95]이나 [그림 5-96]에서 표시한 것처럼 작성자가 무엇에 대한 비교를 우선해서 보여주고 싶은지, 의도에 따라서 세로축과 가로축의 배치가 달라지므로 비교의 목적을 사전에 명확하게 해두어야 합니다.

|  | 제품A | 제품B | 제품C | 제품D | 제품E |
|---|---|---|---|---|---|
| 수량 | 552 | 674 | 363 | 701 | 726 |
| 매출(10만원) | 10,267 | 9,300 | 3,651 | 2,188 | 1,138 |
| 이익률 | 16% | 18% | 15% | 16% | 18% |

비교하기 어렵다.

그림 5-93 가로로 정렬하면 직감적으로 비교하기 어렵다.

| 상품명 | 수량 | 매출(10만원) | 이익률 |
|---|---|---|---|
| 제품A | 552 | 10,267 | 16% |
| 제품B | 674 | 9,300 | 18% |
| 제품C | 363 | 3,651 | 15% |
| 제품D | 701 | 2,188 | 16% |
| 제품E | 726 | 1,138 | 18% |

비교하기 쉽다.

그림 5-94 세로 정렬하고 자릿수를 맞추면 비교하기 쉽다.

|  | 2015 | 2016 | 2017 | 2018 |
|---|---|---|---|---|
| 강원도 | 503 | 1,024 | 559 | 842 |
| 수도권 | 1,089 | 1,123 | 981 | 2,447 |
| 충청도 | 728 | 1,300 | 1,157 | 2,144 |
| 경상도 | 1,349 | 2,318 | 888 | 2,332 |
| 전라도 | 494 | 636 | 648 | 858 |
| 제주 | 536 | 844 | 1,493 | 1,644 |

그림 5-95 연도별 영역 비교 〉 각 영역의 연도 비교

|  | 강원도 | 수도권 | 충청도 | 경상도 | 전라도 | 제주 |
|---|---|---|---|---|---|---|
| 2015 | 503 | 1,089 | 728 | 1,349 | 494 | 536 |
| 2016 | 1,024 | 1,123 | 1,300 | 2,318 | 636 | 844 |
| 2017 | 559 | 981 | 1,157 | 888 | 648 | 1,493 |
| 2018 | 842 | 2,447 | 2,144 | 2,332 | 858 | 1,644 |

그림 5-96 각 영역의 연도 비교 〉 연도별 영역 비교

## 90도 회전 문자열은 읽기 어렵다

**Before**

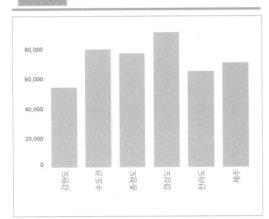

그림 5-97

**After**

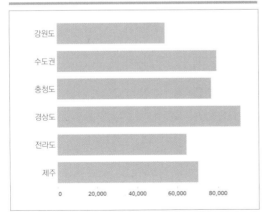

그림 5-98

**과제**

항목명이 90도 회전한 문자열로 되어 있을 때

**해설**

90도로 회전된 문자열은 누구나 읽기 어렵습니다. [그림 5-97]과 같은 그래프는 흔히 볼 수 있어서 이런 식이 당연한 것처럼 여길 때도 있습니다. [그림 5-98]과 같이 세로 막대를 가로 막대로 바꾸기만 하면 상당히 읽기 쉬워집니다.

엑셀의 막대 그래프의 초기 설정이 세로 방향 막대로 되어 있어 무심결에 세로 방향 막대 그래프를 선택하는 경우도 많아서 [그림 5-97]을 받아들입니다. 엑셀에서 가로 방향 막대 그래프를 선택하면 정렬 순서가 밑에서 위쪽으로 되게끔 초기 설정이 되어 있어서 생각한 대로의 그래프가 만들어지지 않는 것도, 가로 방향 막대 그래프를 사용하기 어렵게 하는 요인입니다.

**개선책**

세로방향 막대 그래프를 가로방향 막대 그래프로 변경한다.

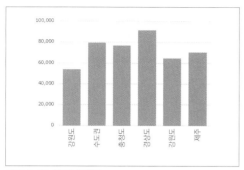

그림 5-99 읽기 어렵다.

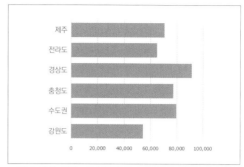

그림 5-102 엑셀 가로 방향 막대 그래프① 초기설정

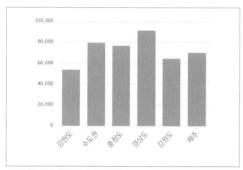

그림 5-100 조금 읽기 어렵다.

그림 5-103 엑셀 가로 방향 막대 그래프② 세로축과 가로축을 교대

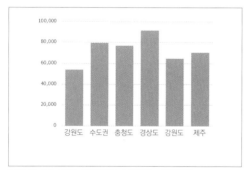

그림 5-101 읽기 쉽다(폰트 사이즈는 작지만).

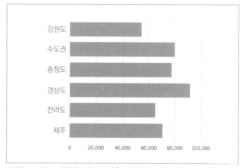

그림 5-104 엑셀 가로 방향 막대 그래프③ 가로축의 레이블의 위치 변경

## 시뮬레이션 결과와 해설

엑셀에서는 [그림 5-100]과 같이 경사진 텍스트도 간단하게 설정됩니다. 경사진 텍스트도 읽기 쉽지 않습니다. 텍스트와 막대 그래프도 가로 방향으로 적극적으로 사용해봅니다.

엑셀에서의 개선 방법은 다음과 같습니다. 세로방향 막대 그래프를 가로 방향 막대 그래프로 바꾸면 세로축의 항목명의 정렬순서가 역전됩니다([그림 5-102]). 일단 세로축을 반전시키고([그림 5-103]), 가로축의 레이블 위치를 '상단/우단'을 선택하면 완성됩니다([그림 5-104]) ※ 반전되어 상단이 하단이 되있습니다.

# 5.32

# 연속성이 없으면 꺾은선 그래프는 부적절하다

**Before**

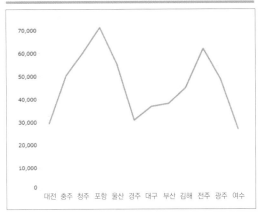

그림 5-105

**After**

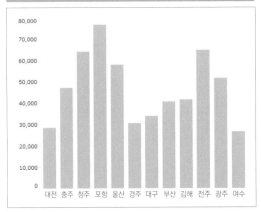

그림 5-106

**과제**

그래프에서 표현되는 경사가 의미가 없어서
오해를 일으키는 원인이 될 때

**해설**

가로축에 배치된 시도별 데이터는 이웃한 시 사
이에 연속성이 별로 없도록 데이터들이 놓여 있
습니다. 하지만 꺾은선 그래프는 연속적인 관계
의 데이터를 표현하는 데 적합합니다.

[그림 5-105]에서 인접하고 있는 포항과 울산을
보면 그래프의 급하강 부분의 의미는 없습니다.
이와 같은 경우에는 [그림 5-106]과 같이 막대
그래프가 좋습니다. 막대 그래프는 꺾은선 그래
프와 같은 연속성은 없어지지만, 결과적으로 각
각의 길이를 쉽게 비교할 수 있어서 의도한 정보
가 정확하게 전달됩니다.

**개선책**

인접 항목에 순서적인 관련성이 없다면 막대
그래프를 사용한다.

# 5.33 숫자표에서는 경향을 확인할 수 없다

차트 선택의
기본③

## Before

|  | 2012 | 2013 | 2014 | 2015 | 2016 | 2017 | 2018 |
|---|---|---|---|---|---|---|---|
| 브랜드A | 41,901 | 53,720 | 60,834 | 65,159 | 67,378 | 68,215 | 67,531 |
| 브랜드B | 56,188 | 67,279 | 67,438 | 54,765 | 47,233 | 49,036 | 51,958 |
| 브랜드C | 41,102 | 46,037 | 45,645 | 46,229 | 50,571 | 52,527 | 50,982 |
| 브랜드D | 24,163 | 28,676 | 31,413 | 29,414 | 28,502 | 28,336 | 26,473 |
| 브랜드E | 16,212 | 16,982 | 17,596 | 21,083 | 24,548 | 25,427 | 25,984 |

그림 5-107

## After

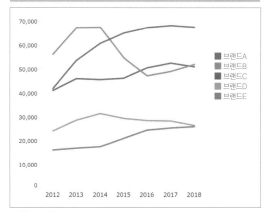

그림 5-108

## 과제

상세한 수치는 파악할 수 있지만 경향을 알기는 어려울 때

## 해설

[그림 5-107]에서 브랜드별, 연도별로 상세한 수치가 보이므로, ○○년의 XX의 수치라고 하면 정확하게 대답할 수 있습니다.

그런데 이중에서 실적이 저조한 브랜드를 알려달라고 하면 바로 대답할 수 있을까요?

[그림 5-108]의 꺾은선 그래프라면 브랜드B가 상당히 상황이 좋지 않다는 것, 그리고 브랜드D도 감소 추세에 있음을 한눈에 알 수 있습니다.

숫자표는 이미 정해진 수치의 확인에는 유용하지만 과제 탐색에는 그렇지 않습니다. 시장에서 무엇이 일어나고 있는지 재빨리 파악할 필요가 있으면, 익숙하다는 이유만으로 숫자표를 선택해서는 안 됩니다.

세상에는 숫자표의 수치를 짧은 시간에 기억해서 전부 이해하는 사람도 있지만 어디까지나 예외적인 존재들입니다. 숫자표만으로 모든 정보를 읽어낼 수 있을 거라 기대하는 것은 작성자의 이기심이라고 말해도 과언이 아닙니다.

## 개선책

숫자표를 꺾은선 그래프로 변경한다.

# 5.34

# 원 그래프는 상세한 비교에는 적합하지 않다

## Before

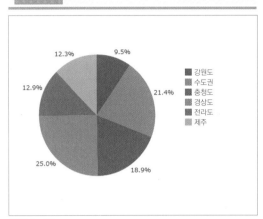

그림 5-109

## After

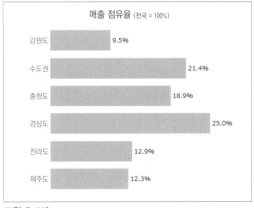

그림 5-110

### 과제

어느 것이 큰지, 레이블을 보지 않으면 알 수 없을 때

### 해설

단도직입적으로 원 그래프는 추천하지 않습니다. 원 그래프는 각도로 그 크기를 판단하지만, 알아보기 쉬운 각도가 아니면 인간의 눈으로는 정확한 각도를 알기는 어렵습니다.

[그림 5-111]과 같이 수치의 레이블이 없으면 '전라도', '제주도'의 크기비교는 어렵기 때문입니다. 레이블 없이 크기를 비교할 수 없다면 원 그래프를 사용할 이유가 없습니다. 막대 그래프에서는 총 100%라는 것을 인식하기 어렵지만, [그림 5-110]과 같이 그 비율의 분모에 대해서 주석을 추가하면 오해는 발생하지 않습니다.

또 원 그래프에서는 항목 개수가 늘어나면 색을 식별하기가 어려워서 효과적이지 못합니다.

원 그래프의 과제 3가지를 다음에서 소개합니다. [그림 5-114]와 같이 항목 수가 3개 이하이면 비교적 인식하기 쉬워집니다.

### 개선책

원 그래프를 가로 막대 그래프로 변경한다.

### 원 그래프의 과제 ①

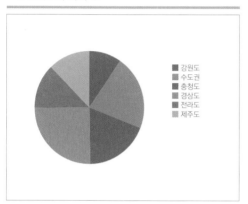

그림 5-111 레이블이 존재하지 않으면 크기 비교는 어렵다.

### 원 그래프의 과제 ②

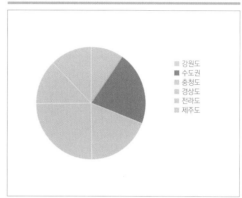

그림 5-112 12시 위치에서 시작하지 않으면 직관적으로 비율을 파악하기가 어렵다.

### 원 그래프의 과제 ③

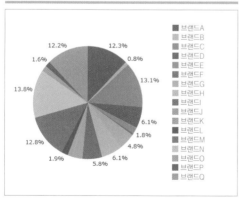

그림 5-113 항목이 늘어나면 비슷한 색이 많아져 쓸모 없는 차트가 된다.

### 원 그래프의 과제 ④

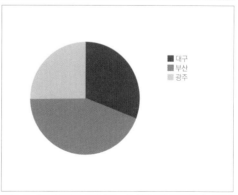

그림 5-114 항목은 2개 또는 3개까지가 적절하다. 25%, 50%, 75% 등은 인식하기 쉽고 진행 상황의 확인 등을 처리하기 쉽다.

# 5.35

# 원의 크기로 양을 비교하기는 어렵다

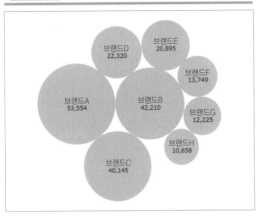

**Before**

그림 5-115

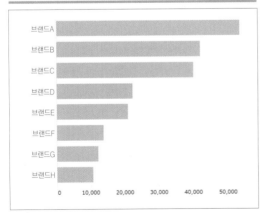

**After**

그림 5-116

**과제**

**항목 각각의 양의 차이를 파악하기 어려울 때**

**해설**

[그림 5-115]와 같은 버블 차트(정확하게는 팩/버블 차트)는 최근의 소프트웨어에서는 간단하게 만들 수 있습니다.

이와 같은 차트는 사용하는 사람이 많지 않아서 보고서에 사용하면 눈에 띄는 효과는 있습니다. 그러나 눈에 띄는 것은 차트일 뿐 '수치 정보'는 전할 수 없습니다. 정보를 대충 훑어볼 수 있다는 면에서는 유용하나 정확한 데이터를 전하려는 목적에는 그다지 효과적이지 않습니다.

[그림 5-115]의 브랜드B와 C는 브랜드D와 E의 두 배 정도이지만 원의 크기에서 그 사실을 깨닫기는 상당히 어렵다는 것이 실상입니다.

[그림 5-116]과 같이 간단한 막대 그래프가 보다 정확하게 정보를 전달할 수 있습니다.

**개선책**

**간단한 막대 그래프로 변경한다.**

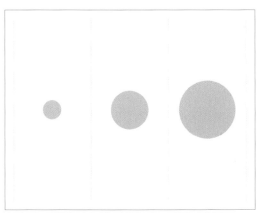

그림 5-117 원의 면적비를 직감적으로 파악할 수 없다.

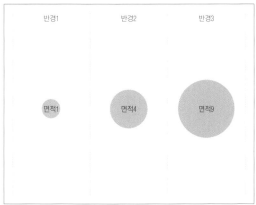

반경1    반경2    반경3

면적1    면적4    면적9

그림 5-118 면적비는 반경의 2제곱이지만…

[그림 5-117]을 보고 원의 면적비를 파악할 수 있을까요?

실제의 면적비는 [그림 5-118]과 같이 왼쪽부터 1:4:9입니다. 반경이 1:2:3이라는 것을 대충 인식하고 있고 면적이 반경의 2제곱에 비례한다는 점을 이해하고 있더라도 즉각 그 면적비를 인식하기는 어려울 거라 봅니다.

원의 사이즈(=면적)는 원 그래프의 각도와 마찬가지로 정확한 양의 차이를 금방 인식하기는 어렵습니다. 따라서 정확한 수치 정보를 전달해야 한다면 버블 차트는 추천하지 않습니다.

5장/ㄱㅇㅇ 인포메이션 디자인의 기본

**143**

# 5.36
차트 선택의
기본⑥
# 구성비도 트렌드는 꺾은선 그래프로 작성한다

Before

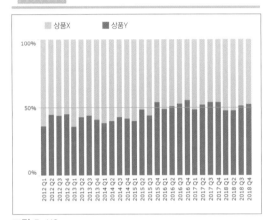

그림 5-119

After

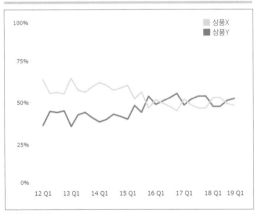

그림 5-120

**과제**

100% 누적형 막대 그래프에서는 복잡해서
읽기 어려울 때

**해설**

구성비를 표현하는 경우, 100% 누적형 막대 그
래프가 자주 사용됩니다. [그림 5-119]처럼 시
점 수가 많아지면 구성요소가 2개의 항목뿐이어
도 복잡해서 보기 어렵습니다. 상황이 바로 전달
되기 어렵고, 어느 쪽이 큰지, 작은지도 한눈에
보고 바로 알 수 없습니다.

[그림 5-120]은 어떨까요?
종래는 상품X가 이기고 있었지만 근래 수년 간
은 점유율이 비슷해지고 있다는 것, 최근에는 상
품Y가 역전하고 있다는 것이 한눈에 들어옵니
다. 상당히 간단한 그래프로 오해의 여지도 없고
읽는 사람에게 부담을 주지도 않습니다.

**개선책**

누적형 막대 그래프를 꺾은선 그래프로 변경
한다.

**Before**

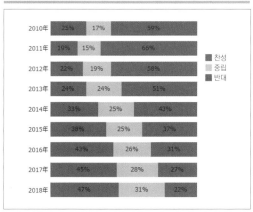

그림 5-121

**After**

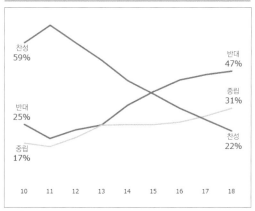

그림 5-122

**과제**

비교할 항목이 늘어나서 상대적인 순위를 읽어 내기 어려울 때

**해설**

누적형 막대 그래프는 구성요소의 볼륨감을 개괄적으로 파악하는 데는 적합하지만, 서로 인접하지 않는 항목들의 대소비교를 상세하게 이해하기에는 적합하지 않습니다.

[그림 5-121]의 경우, '찬성', '중립', '반대'의 구성비는 2015년을 경계로 찬성과 반대의 비율이 역전되고 있지만, 100% 누적형 막대 그래프를 훑어 보는 정도로는 상황을 파악하기가 쉽지 않습니다.

[그림 5-122]는 어떨까요? 어느 시점에서 역전이 일어났는지 일목요연합니다.

**개선책**

누적형 막대 그래프를 꺾은선 그래프로 변경한다.

5장／HOP! 인포메이션 디자인의 기본

**145**

# 5.37

# 적절한 차트 선택하는 단계별 방법

**Before**

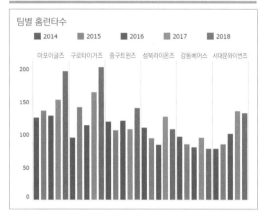

그림 5-123

**After**

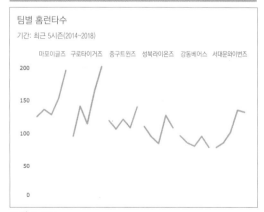

그림 5-124

**과제**

불필요한 정보가 많아서 전달해야 할 요소가
효과적으로 전해지지 않을 때

**해설**

[그림 5-123]도 자주 볼 수 있는 그래프입니다.
'막대 그래프로 양을, 시계열로 정렬해서 트렌드
를, 색으로 각 연도를 알 수 있게' 작성자의 배려
가 있었는지는 모르겠습니다. 결과적으로는 작
성자의 메시지가 흩어져서 무엇을 어떻게 보면
좋을지 신경을 곤두세워야 합니다.

그림에서는 홈런타수가 크게 바뀐 팀이 여러 개
있어서 트렌드를 강조해서 시각화하는 것이 유용
합니다. 그점을 고려한 개선책이 [그림 5-124]
입니다.
실제로 [그림 5-124]가 만들어지기까지의 개선
단계를 순서대로 설명해보겠습니다.

**개선책**

꺾은선 그래프로 변경하고 각 팀의 트렌드를
강조한다.

1. 원본 차트에서 색이 노이즈입니다. 여기서의 트렌드를 비교할 때는 색이 유용하지 않습니다. 색을 없앱니다. 시즌 정보는 주석으로 대신합니다. 5시즌으로 짧아서 축에 레이블이 없어도 바로 인지할 수 있습니다.

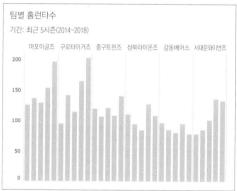

그림 5-125

2. 트렌드를 강조한다면 막대 그래프보다는 꺾은선 그래프가 좋습니다. 보통 이와 같은 차트입니다만, 꺾은선이 6개로 많아서 흔히 말하는 '스파게티 차트'가 되어 보기 불편합니다.

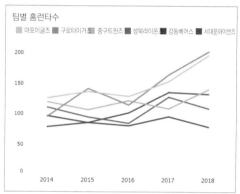

그림 5-126

3. 팀별로 구분해봅니다. 경향이 보이면서 말끔해졌습니다. 시즌 정보가 다시 노이즈가 됩니다. 팀별로 구분되었으니 이제는 색도 필수 요소가 아닙니다.

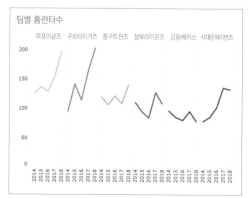

그림 5-127

4. [그림 5-125]처럼 시즌 정보를 주석으로 표시했습니다. 팀 간의 구별을 옅은 배경색으로 바꾸고, 불필요한 구분선은 삭제했습니다. 마지막으로 팀의 색을 없애면 [그림 5-124]가 완성됩니다.

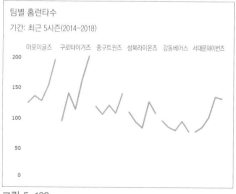

그림 5-128

# 6장
# Step!
# 차이를 낳는 테크닉

지금까지 데이터 리터러시의 기초를 닦았다면 여기서는 수준을 높이는 실용적인 테크닉을 배워보겠습니다.

## 6.1 | 범례의 표시 위치에 신경을 쓴다

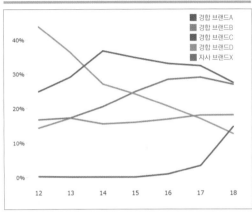

**Before**

그림 6-1

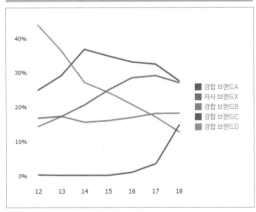

**After**

그림 6-2

### 과제

색의 범례와 그래프의 위치가 달라서 시선이
왔다갔다할 때

### 해설

색의 범례의 위치나 정렬 순서는 중요하게 고려
되지 않는 요소 중 하나지만 조금만 궁리하면 크
게 바뀝니다.

[그림 6-1]은 어디서나 많이 볼 수 있는 차트인
데, 차트에서 잘못된 부분을 꼽기는 어렵습니다.
하지만 꺾은선의 색과 색이 표현하는 항목을 이
해하기 위해 차트를 살필 때 시선은 꺾은선과 범
례를 왔다갔다하게 됩니다.

[그림 6-2]는 어떤가요? 가장 중요하다고 생각
되는 최근의 순위와 색의 범례의 표시 순서가 연
결되어 있습니다. 각 꺾은선과 그 항목이 상당히
간단하게 연결되어 있어 시선이 우왕좌왕할 필요
가 없습니다.

### 개선책

최신 데이터와 가깝게, 정렬 순서도 고려하여
색의 범례를 배치한다.

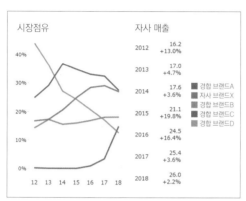

그림 6-3 차트와 범례가 떨어져서 알기 어려운 사례

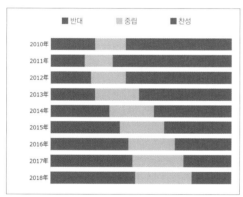

그림 6-4 차트와 범례의 위치관계가 적절한 사례

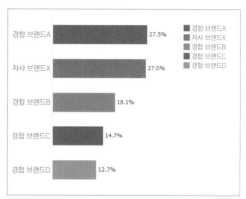

그림 6-5 전혀 무의미한 범례를 배치하고 있는 사례

### 키 포인트

차트와 범례는 서로 가깝게 두지 않으면 시선이 우왕좌왕하게 되어 읽는 이를 피곤하게 합니다. 색의 수가 많을 때는 특히 비효율적입니다.

[그림 6-3]과 같이 여러 개의 차트가 존재하고, 범례가 가장자리 쪽으로 치우치면 식별하기 어렵습니다.

[그림 6-4]는 색의 범례와 그래프를 가깝게 둔 적절한 사례인데, 혼란스러울 새도 없이 색과 내용이 연결됩니다.

[그림 6-5]는 번외 예시입니다. 색의 범례가 전혀 의미가 없어진 사례입니다. 막대 그래프의 왼쪽에 항목명이 있어서 범례가 필요 없는데도 의외로 자주 보는 초보적인 실수를 나타낸 예시입니다. 틀린 정보는 아니지만 범례는 명백하게 불필요한 정보입니다.

## 6.2

**보기 쉬운 차트를 만드는 요령②**

# 눈금은 자연스러운 간격으로 매긴다

Before

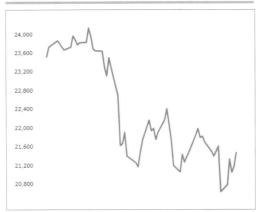

그림 6-6

After

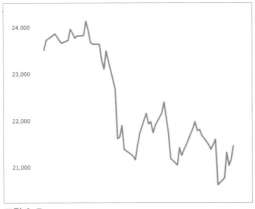

그림 6-7

### 과제

**눈금의 간격을 알기 어려울 때**

### 해설

[그림 6-6]에서는 눈금의 간격이 400으로 설정되어 있습니다. 이런 눈금은 각 눈금들이 표시하는 값을 바로 이해하기 어렵고, 꺾은선과 그 부근의 눈금선을 볼 때마다 세로축에서 눈금 값을 확인해야 합니다. 상당히 비효율적입니다.

[그림 6-7]은 눈금선의 개수가 적어지고 간격도 1,000으로 되어 있습니다. 하나의 선의 값을 인지한 후에는 매번 눈금의 값을 확인할 필요가 없어서 그 양을 쉽게 인식할 수 있습니다.

### 개선책

**눈금의 간격은 알기 쉬운 수치가 되게 만든다.**

## 6.3

보기 쉬운 차트를
만드는 요령③

# 시간축은 가로축이 기본이다

Before

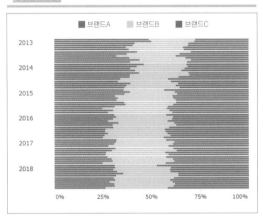

그림 6-8

과제

**경향을 알기 어려울 때**

해설

[그림 6-8]은 브랜드별 점유율을 시계열로 표시한 것입니다. 이와 같은 형태로 100% 누적형 가로 막대 그래프를 세로 방향으로 늘어놓는 경우도 많아서 특별히 커다란 문제는 없습니다.

[그림 6-9]와 같이 시간축(여기서는 년, 월)은 가로축에 배치하는 편이 경향을 인식하기 쉬워지므로 어느 쪽으로 할 것인지 망설이고 있다면 후자를 적극 추천합니다.

개선책

가로 막대를 세로 막대로 변경하고 시간축을 가로축에 배치한다.

After

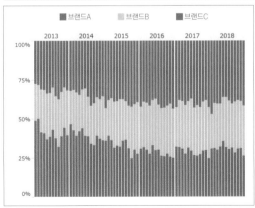

그림 6-9

6장／Step! 차이를 낳는 테크닉

**153**

# 보조선을 활용한다

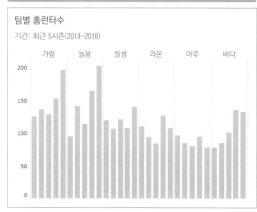

팀별 홈런타수

기간: 최근 5시즌(2014~2018)

그림 6-10

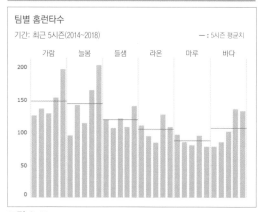

팀별 홈런타수

기간: 최근 5시즌(2014~2018)   — : 5시즌 평균치

그림 6-11

## 과제

**설정 기간이 좁아서 전체상을 파악하기 어려울 때**

## 해설

[그림 6-10]은 프로야구 팀의 시즌별 홈런타수를 표시한 것입니다. 표시된 기간에서 팀별, 시즌별 성적은 알 수 있지만, 다섯 시즌을 평균해서 홈런타수가 많은 팀과 적은 팀이 어디인지 정보를 알기는 어렵게 되어 있습니다.

양적인 정보를 표현하고 각 정보를 비교하기 위해 막대 그래프를 작성했지만 [그림 6-10]에서는 크고 작음을 판단할 때 주위의 막대들과 높이를 비교하여 알아낼 수밖에 없습니다.

[그림 6-11]은 어떨까요?

팀별로 5시즌의 평균치를 보조선으로 추가했습니다. 이로 인해 팀 간의 비교뿐 아니라 각 시즌과 예년과의 비교가 가능해졌습니다.

정보량이 증가하기 때문에 어디에나 항상 유효한 것은 아니지만, 읽는 이로 하여금 무엇과 무엇을 비교하고 싶은가를 의식해서 효과적으로 활용할 수 있는 차트입니다.

## 개선책

**비교의 기준이 되는 보조선을 추가한다.**

# 6.5

보기 쉬운 차트를
만드는 요령⑤

## 경향선을 활용한다

Before

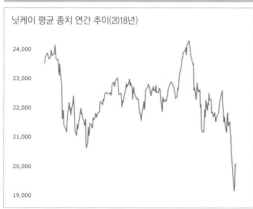

그림 6-12

After

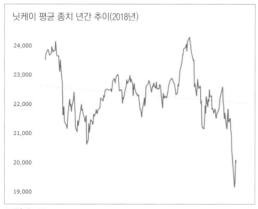

그림 6-13

과제

상하 변동이 심해서 결국 어땠는지 알기
어려울 때

### 해설

이번 과제는 꺾은선 그래프를 사용하면 일어날
법한 문제입니다. 변동 자체는 크지만 전체적으
로 오르고 있는지, 내리고 있는지 답하기가 어려
운 점이 있습니다.

[그림 6-12]는 2018년의 닛케이 평균주가의 종
치입니다. 연초에 약 23,500엔, 연말이 약 20,000
엔이므로 가장 간단하게는 '떨어졌다'라는 결론에
도달하지만, 전체적으로는 조금 난폭합니다.

[그림 6-13]과 같이 경향선을 하나 추가하면, 전
체적인 트렌드를 시각적으로 파악할 수 있습니다.
경향선도 보조선의 일종이지만 그 기간과 같은
경향이 지속되면 경향선에 따라서 수치는 변하게
됩니다. 간이 예측 기법으로 활용할 수 있습니다.
어디까지나 보조선이므로 필요 이상으로 굵게 하
거나 짙은 색은 자제합시다.

### 개선책

전체의 트렌드를 파악하는 경향선을 추가한다.

6장 / Step! 차이를 낳는 테크닉

## 6.6 그래프와 레이블의 불일치 회피

**6.6**

잘못된 인식을
피하는 기술①

# 그래프와 레이블의 불일치 회피

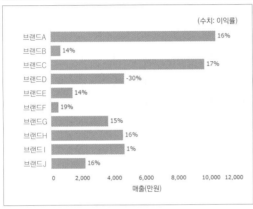

**Before**

(수치: 이익률)

그림 6-14

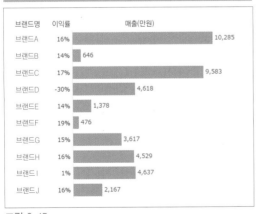

**After**

그림 6-15

**과제**

막대의 길이와 레이블의 수치가 일치하지
않고 위화감이 있을 때

**해설**

[그림 6-14]는 막대 그래프가 매출액을 나타내
고 있는 것에 반해서, 막대 그래프의 오른쪽에
있는 레이블은 이익률을 나타내고 있습니다.

수치가 이익률을 나타내는 것은 주석으로 명시하
고 있지만 보통 막대 그래프의 길이로 규모를 직
관적으로 인식하기 때문에 규모와 레이블에 차
이가 있으면 위화감이 듭니다. 차트를 읽는 이가
냉정하게 보면 틀리지는 않겠지만 즉각 파악하기
어려운 그래프입니다.

이와 같은 경우에는 [그림 6-15]와 같이 막대 그
래프의 레이블은 막대의 길이를 표시하고 이익
률은 별도로 잘라서 표시하면 명쾌하게 정리되어
오해의 여지도 없어질 것입니다.

**개선책**

막대 그래프의 레이블에는 길이와 관련된 지
표를 표시한다.

**Before**

연도별 월간 점유율  매출(백만원) 9.0 — 47.2

| | 1월 | 2월 | 3월 | 4월 | 5월 | 6월 | 7월 | 8월 | 9월 | 10월 | 11월 | 12월 |
|---|---|---|---|---|---|---|---|---|---|---|---|---|
| 2010 | 4% | 6% | 11% | 5% | 6% | 10% | 10% | 9% | 13% | 6% | 8% | 10% |
| 2011 | 5% | 7% | 11% | 6% | 7% | 11% | 8% | 7% | 12% | 7% | 8% | 10% |
| 2012 | 6% | 8% | 13% | 5% | 7% | 10% | 8% | 7% | 11% | 7% | 8% | 10% |
| 2013 | 6% | 7% | 13% | 5% | 7% | 10% | 7% | 7% | 11% | 7% | 8% | 10% |
| 2014 | 8% | 9% | 15% | 5% | 6% | 8% | 7% | 6% | 11% | 7% | 8% | 11% |
| 2015 | 6% | 8% | 14% | 5% | 7% | 10% | 7% | 7% | 11% | 6% | 8% | 10% |
| 2016 | 6% | 8% | 13% | 5% | 7% | 10% | 8% | 7% | 12% | 7% | 8% | 10% |
| 2017 | 6% | 8% | 13% | 5% | 7% | 10% | 8% | 7% | 12% | 7% | 8% | 10% |
| 2018 | 6% | 8% | 13% | 6% | 8% | 10% | 8% | 7% | 11% | 7% | 8% | 11% |

그림 6-16

**After**

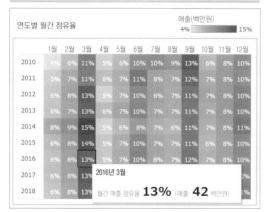

그림 6-17

**과제**

## 색상과 수치가 연동되지 않을 때

**해설**

하이라이트 테이블에서도 이런 일이 생깁니다. [그림 6-16]에서 색의 그라데이션은 표 전체에 대한 매출과 연동되고 있지만 테두리 안의 수치는 각 연도별 월간 점유율이어서 색과 수치가 연동되어 있지 않습니다.

2010년 9월의 13%의 색은 2018년 9월과 12월의 11%보다 옅은 색이 되어 있습니다. 읽는 사람은 색으로 수치의 규모를 판단하기 때문에 오해를 불러 올 가능성이 있습니다.

가장 보이고 싶은 값이 연도별, 월간 점유율이라면 색의 기준을 '매출'이 아니고, '월간 점유율'과 연동된 그라데이션으로 바꿔야 합니다. 표시하는 공간의 사정을 무시하고 무리하게 게재하면 복잡해지므로 '월간 점유율'보다 우선순위가 낮은 '매출금액'에 대해서는 표시하지 않고 있습니다. BI툴 등을 이용할 때는 [그림 6-17]과 같이 팝업 등으로 시각화해도 좋습니다.

**개선책**

하이라이트 색을 표시된 수치와 연동시킨다.

# 이중축으로 표시하면 이해하기 어렵다

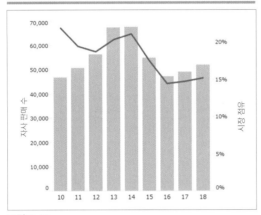

그림 6-18

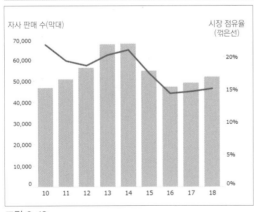

그림 6-19

## 과제

어느 쪽 축이 막대이고 꺾은선인지 불분명할 때

## 해설

[그림 6-18]은 흔히 볼 수 있는 전형적인 잘못된 차트입니다. 작성자는 차트를 겹치는 방법으로 자연스럽게 만들게 되지만, 읽는 사람은 완성된 차트만 보기 때문에 막대와 꺾은선이 각각 어느 쪽 축을 나타내는지 전혀 이해가 되지 않습니다. [그림 6-19]와 같이 레이블의 타이틀에 '막대', '꺾은선'이라고 적기만 해도 상황은 완전히 달라집니다.

최근의 BI툴 등에서는 [그림 6-23]과 같이 각각의 차트를 세로로 배치시키는 형태도 간단하게 만들 수 있습니다. 처음부터 혼란의 여지가 있는 2축(이중축) 표시를 사용하지 않는 선택을 할 수도 있습니다.

개선책으로 연결되는 사고의 흐름에 대해서 살펴보겠습니다.

## 개선책

어느 쪽 차트인지 축의 타이틀에 명시한다.

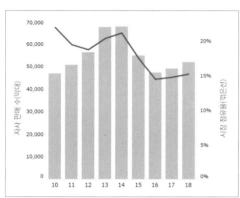

그림 6-20 ① 원본에서는 어느 쪽 축인지 알기 어렵다.

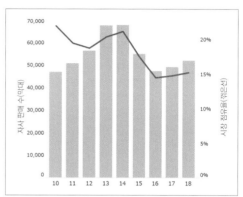

그림 6-21 ② 축의 타이틀에 명시했지만 90도 회전 문자로 되어있어 보기 어렵다.

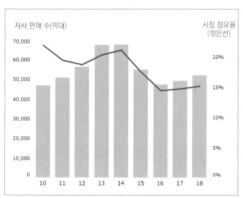

그림 6-22 ③ 축 타이틀을 조정해 알아보기 쉬워졌다.
→ 개선안①

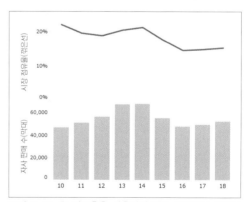

그림 6-23 ④ 이중축을 사용하지 말고 그래프를 세로로 각각 배치한다. → 개선안②

# 6.8

**잘못된 인식을 피하는 기술③**

# 같은 축을 이중축으로 하지 않는다

**Before**

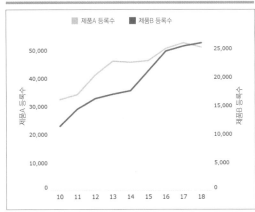

그림 6-24

**After**

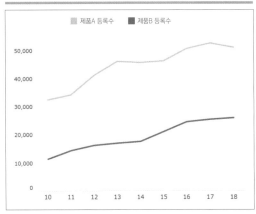

그림 6-25

**과제**

**이중축으로 만들 필요가 없을 때**

**해설**

[그림 6-24]는 왼쪽 축과 오른쪽 축 모두 똑같이 상품의 등록수를 표시한 축이지만 각각의 스케일이 다릅니다. 상관성을 강조하려고 이와 같은 그래프를 사용하기도 하지만 정확한 상관성을 알고 싶다면 상관 계수 등을 명확하게 표시해야 합니다.

개략적인 상관성 파악이 목적이라면 [그림 6-25]와 같이 스케일을 바꾸지 않아도 충분히 의도가 전달됩니다. 같은 지표임에도 불구하고 이중축으로 만들면 경향뿐 아니라 양적으로도 비슷하다는 인상을 줄 가능성이 있어 주의가 필요합니다.

**개선책**

**축을 하나로 집약한다.**

# 6.9

## 마이너스 값은 아래쪽 방향으로 해야 자연스럽다

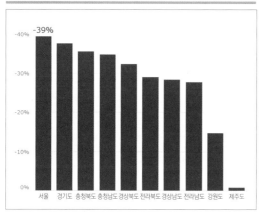

**Before**

그림 6-26

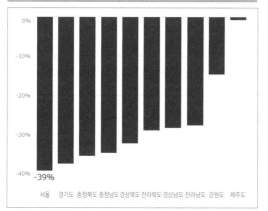

**After**

그림 6-27

**과제**

마이너스의 값을 위쪽 방향으로 해 부자연스러울 때

**해설**

[그림 6-26]은 마이너스 값의 크기를 강조하려고 축을 반전시켜 표시하고 있지만 마이너스의 값이 위쪽을 향해 있는 것은 좀 부자연스럽습니다.

마이너스의 값을 처리할 때 세로 막대 그래프이면 [그림 6-27]과 같이 아래쪽 방향으로, 가로 막대 그래프라면 왼쪽 방향으로 처리해야 직감적으로 이해하기 쉽고 효과적입니다.

**개선책**

마이너스는 아래쪽 방향으로 표현한다.

**161**

Before

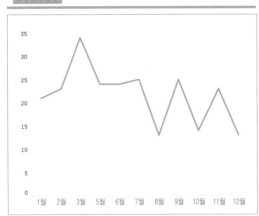

그림 6-28

After

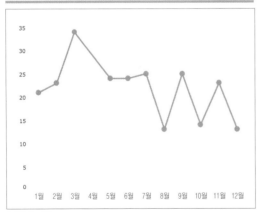

그림 6-29

**과제**

**데이터 결손이 있는 달이 존재하지 않을 때**

**해설**

[그림 6-28]에서는 데이터가 결손되는 '4월'이 축의 레이블에서 누락되어 있습니다. 차트를 읽는 사람 대부분 눈치조차 차리지 못할 것입니다. 아마 1월부터 12월까지 연결되어 있다는 전제로 인식하리라 생각합니다.

[그림 6-30]과 같이 결손 값을 0으로 처리하는 것은 명확하게 잘못이고 [그림 6-31]과 같이 선이 끊어지면 전체 경향을 이미지로 읽어 내기 어렵습니다.

이를 개선하려면 [그림 6-29]나 [그림 6-32]와 같이 데이터가 있는 곳과 없는 곳을 명확하게 구별할 수 있도록 하거나 결손이 있는 달을 주석으로 명시하면 오해를 피할 수 있습니다.

**개선책**

**결손이 있는 달과 없는 달에서 표시 방법을 변경한다.**

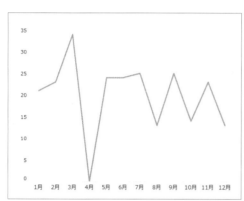

그림 6-30 결손값을 0으로 취급하면 사실과 크게 다를 가능성이 있다.

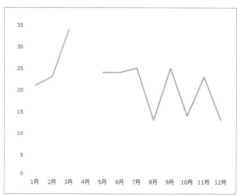

그림 6-31 결손값에서 꺾은선을 끊어 버리면 경향을 알기 어렵다.

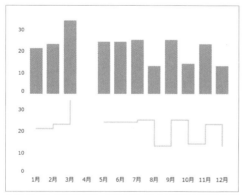

그림 6-32 대체안으로, 꺾은선을 막대 그래프(상단)나 단계 차트(하단)으로 변경하면 결손을 인식하기 쉬워진다.

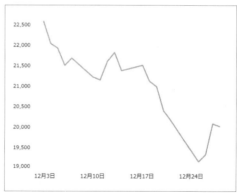

그림 6-33 주식 차트처럼 결손 발생(토일)이 확실할 때나 시점 수가 많아서 대략적인 경향 파악이 목적이라면 결손 유무는 무시해도 대세에 영향은 없다.

# 6.11

# 누적형 막대의 강조 요소는 최하단에 표시한다

**Before**

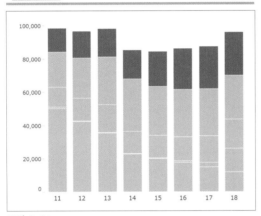

그림 6-34

**After**

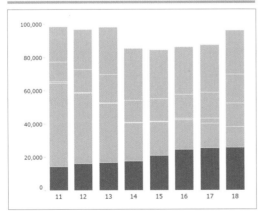

그림 6-35

**과제**

시작점이 바뀌어서 각각의 트렌드를 보기 어려울 때

**해설**

전체의 규모와 각각의 경향을 시각화하려면 [그림 6-34]와 같이 누적형 막대 그래프를 활용할 때가 있습니다. 그러나 누적형 막대 그래프는 가장 아래쪽의 항목을 제외하면 기준이 되는 시작점이 기본적으로 매번 이동하기 때문에 비교하기가 어렵습니다.

그래서 [그림 6-35]와 같이 가장 강조하고 싶은 항목을 가장 밑에 배치하면 적어도 그 항목은 경향을 파악하기 쉽게 개선할 수 있습니다.

**개선책**

가장 중요한 항목을 최하층으로 이동시킨다.

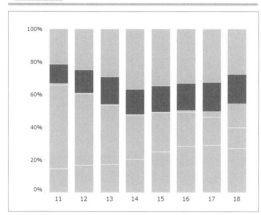

**Before**

그림 6-36

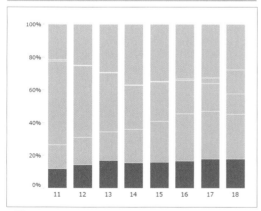

**After**

그림 6-37

**과제**

100% 누적형 막대 그래프의 중간층은 가로 방향 비교를 하기 어렵다.

**해설**

[그림 6-36]은 100% 누적형 막대 그래프의 예입니다. 최하층만이 아니고 최상층도 기준이 정해져 있어서 두 부분의 가로 방향 비교가 쉬워진다는 점에서 단순한 누적형 막대 그래프보다 우수합니다. 그런데 중간층의 트렌드는 여전히 보기 어려운 채로 남아 있습니다.

이를 개선하려면 [그림 6-35]와 같이 중요한 요소를 최하층에 가깝게 배치하거나 최상층에 두는 방법이 있습니다.

시계열의 트렌드를 비교하는 것이 주목적이라면, 처음부터 100% 누적형 막대 그래프가 아닌 꺾은선 그래프로 시각화하는 편이 좋습니다.

**개선책**

중요한 항목은 최하층이나 최상층으로 이동시킨다.

6장 / Step! 차이를 낳는 테크닉

# 점유는 그 목적을 명확하게 세운다

Before

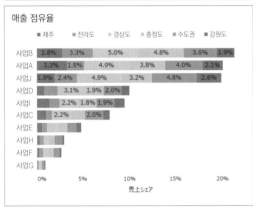

그림 6-38

After

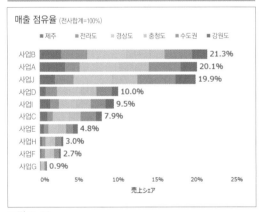

그림 6-39

## 과제

점유율의 분모가 알기 어려워서 무엇을 전하고
싶은지 이해하기 어려울 때

## 해설

점유율은 표 전체에 대해서인지, 세로 비율인지,
가로 비율인지 명시가 없으면 정보를 잘못 판단
할 수 있어서 반드시 표시해야 합니다. 그래프에
서 가장 전하고 싶은 내용은 무엇일까요?
막대 그래프는 점유율이 작으면 레이블이 겹쳐져
서 보이지 않게 되므로 상세한 수치만 확인하고
싶다면 숫자표 쪽이 적절합니다.
그래프에서 가장 전하고 싶은 것이 사업별 매출
점유율의 비교라면 레이블도 사업 전체에 대한 점
유율을 붙이는 것이 좋습니다. 또 영역별 규모를
파악하려면 레이블은 없어도 인식 가능합니다.
[그림 6-39]와 같이 타이틀에 점유율의 정보를,
레이블은 사업 전체에 대한 점유율을 배치함으로
써 두 개의 문제를 해결할 수 있습니다.

## 개선책

점유율을 명시하고 가장 전하고 싶은 요소에
레이블을 붙인다.

## 대체안 ① 사업에서의 영역 점유율이 중요한 경우

**매출 점유율** (전사 합계=100%)

■제주　■전라도　■경상도 ■충청도　■수도권■강원도

| | 제주 | 전라도 | 경상도 | 충청도 | 수도권 | 강원도 |
|---|---|---|---|---|---|---|
| 사업A | 16% | 9% | 25% | 19% | 20% | 10% |
| 사업B | 13% | 16% | 23% | 23% | 17% | 9% |
| 사업C | 13% | 8% | 28% | 17% | 25% | 9% |
| 사업D | 8% | 14% | 31% | 19% | 20% | 8% |
| 사업E | 12% | 11% | 27% | 20% | 19% | 12% |
| 사업F | 10% | 15% | 26% | 18% | 22% | 9% |
| 사업G | 9% | 13% | 23% | 20% | 24% | 11% |
| 사업H | 10% | 14% | 23% | 19% | 26% | 8% |
| 사업I | 14% | 11% | 24% | 19% | 20% | 11% |
| 사업J | 10% | 12% | 25% | 16% | 24% | 13% |

그림 6-40

## 대체안 ② 어느 영역에서 어느 사업이 강한지를 대략 적으로 확인하는 경우

**매출 점유율** (전사 합계=100%)

| | 제주 | 전라도 | 경상도 | 충청도 | 수도권 | 강원도 |
|---|---|---|---|---|---|---|
| 사업A | 2.1% | 4.0% | 3.8% | 4.9% | 1.9% | 3.3% |
| 사업B | 1.9% | 3.6% | 4.8% | 5.0% | 3.3% | 2.8% |
| 사업C | 0.7% | 2.0% | 1.4% | 2.2% | 0.6% | 1.0% |
| 사업D | 0.8% | 2.0% | 1.9% | 3.1% | 1.4% | 0.8% |
| 사업E | 0.6% | 0.9% | 1.0% | 1.3% | 0.5% | 0.6% |
| 사업F | 0.2% | 0.6% | 0.5% | 0.7% | 0.4% | 0.3% |
| 사업G | 0.1% | 0.2% | 0.2% | 0.2% | 0.1% | 0.1% |
| 사업H | 0.2% | 0.8% | 0.6% | 0.7% | 0.4% | 0.3% |
| 사업I | 1.1% | 1.9% | 1.8% | 2.2% | 1.1% | 1.3% |
| 사업J | 2.6% | 4.8% | 3.2% | 4.9% | 2.4% | 1.9% |

그림 6-41

### 키 포인트

앞에서 설명한 대로, 구성비를 표시할 때는 분모를 무엇으로 할지가 상당히 중요합니다.

또 100% 누적형 막대 그래프로 만들면 [그림 6-40]과 같이 점유율이 어떤지 알기 쉬워지지만 사업별 규모를 비교하는 요소는 잃게 됩니다. 그런데 누적형 막대 그래프가 아니고 [그림 6-41]과 같이 막대 그래프로 만들면 어느 영역에서 어느 사업이 강한지 알기 쉬워집니다.

이처럼 무엇을 전하고 싶은가에 따라서 계산 방법도, 최적의 시각화 방법도 달라집니다. 우선은 읽는 이에게 가장 전달하고 싶은 요소가 무엇인지 명확하게 설정합시다. 그러면 무엇을 점유율로 해야 하는지, 어떤 차트로 만들어야 하는지가 보일 것입니다.

# 두 개의 지표들 사이의 관계성은 산포도로 만든다

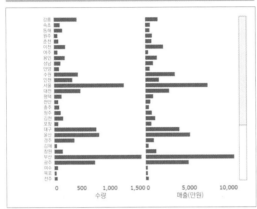

그림 6-42

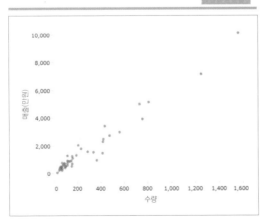

그림 6-43

**과제**

**두 개의 수치지표의 관계성을 알기 어려울 때**

**해설**

[그림 6-42]와 같이 두 개의 수치 지표(여기서는 '수량'과 '매출(만원)')를 막대 그래프나 꺾은선 그래프로 배치했을 때 양자의 상관성이 보일 때가 있습니다. 그러나 [그림 6-42]와 같이 막대 그래프는 상관성을 보기에는 적합하지 않습니다.
항목이 많으면 표시 영역도 넓게 만들어야 하므로 스크롤이 생겨서 한번에 보기가 어렵게 됩니다.

이때는 산포도가 유용합니다.
[그림 6-43]과 같이 산포도로 만들어 보면 두 개의 지표가 비례 관계라는 점을 명확히 알 수 있습니다. 산포도는 그 밖에도 번외값을 시각적으로 바로 검출하기 쉽고 플롯 대상의 점의 수가 늘어나도 작은 공간 안에서 표현하기 쉽다는 점 등이 특징이어서 효과적인 차트입니다.

**개선책**

**상관성의 유무를 파악하기 위해서는 산포도를 사용한다.**

# 6.14

다양한 차트와
사용법④

## 산포도는 가로축에 원인, 세로축에 결과를 표시한다

Before

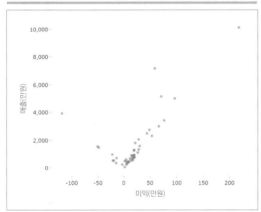

그림 6-44

After

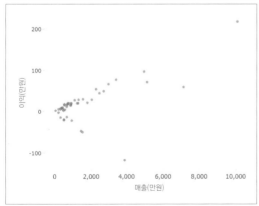

그림 6-45

과제

원인과 결과를 세로축과 가로축의 어느 쪽에
배치해야 되는지 망설일 때

해설

산포도에서는 2개의 수치 지표를 축으로 설정하
지만 기능적으로는 [그림 6-44]와 [그림 6-45]
와 같이 축을 서로 교환해도 차트는 만들 수 있고
어느 쪽도 오답은 아닙니다. 하지만 가로축에 '원
인', 세로축에 '결과'를 두는 편이 좋습니다.

'원인'과 '결과'의 조합이라면 '매출'→'이익',
'GDP'→'수명', '인구밀도'→'지가', '광고비'→'페
이지 뷰' 등이 해당됩니다.

〈4.1 데이터 시각화의 용도별 분류〉의 상관 분석
에서 설명한 것처럼, 산포도에서 읽어낼 수 있는
상관관계는 인과관계를 나타내지는 않습니다.
여기서 말한 가로축에 '원인', 세로축에 '결과'라
는 조합은 일반론으로 그 인과관계가 성립된다고
생각할 수 있는 경우에 해석하기 쉽게 만들기 위
한 테크닉입니다.

개선책

산포도의 가로축에 '원인', 세로축에 '결과'가
되는 지표를 배치한다.

**169**

# 6.15

다양한 차트와
사용법⑤

## 점의 중복은 투과성으로 해소한다

Before

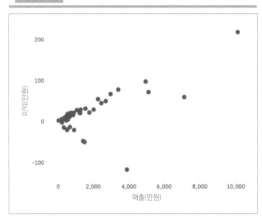

그림 6-46

After

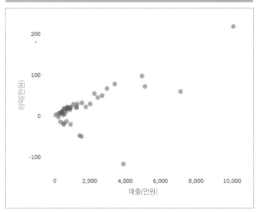

그림 6-47

### 과제

산포도에서 플롯 수가 많아서 겹칠 때

### 해설

이번 과제는 산포도에서 자주 발생하는 문제입니다. 산포도의 특징 중 하나로, 한정된 공간에 여러 개의 점을 플롯할 수 있다는 점에서 문제가 비롯됩니다. [그림 6-46]과 같이 일부의 영역에 밀집하면 점들이 겹치게 되고, 겹친 부분의 규모가 정확하게 표시되지 않아서 정보가 제대로 전해지지 않을 가능성이 있습니다.

이때는 [그림 6-47]과 같이 점의 색에 투과성을 넣으면 점이 겹친 부분을 농도로 표시할 수 있으므로 정보가 손실되는 것을 방지할 수 있습니다.

### 개선책

색에 투과성을 넣어 겹친 점이라는 것을 알 수 있게 한다.

# 6.16 다차원 산포도는 보기 어렵다

다양한 차트와
사용법⑥

다양한 차트와
사용법⑥

Before

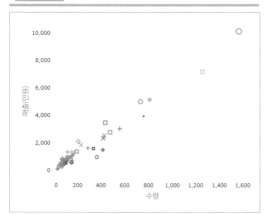

그림 6-48

After

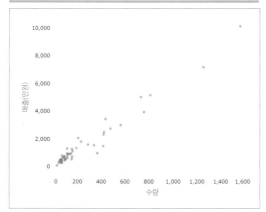

그림 6-49

## 과제

산포도의 점에 부여된 정보가 너무 많을 때

## 해설

산포도는 두 개의 수치 지표의 관계성을 조사하
는 목적에 적합한 차트입니다. 점의 색, 형태, 크
기를 갖고 서로 다른 정보를 동시에 시각화하는
것도 가능합니다.

기능적으로는 가능하다고 해도 [그림 6-48]처럼
하나의 차트에 정보가 너무 많으면 무엇을 전하
려는지 알 수 없어 반대로 아무런 정보도 전하지
못하고, 기억에도 남지 않는 결과를 초래하기도
합니다. '없는 것보다는 있는 것이 좋다'라는 식
은 안 하느니만 못합니다.

그런데 번외값이나 이상치를 발견하기 위해서 효
과적인 색 등을 설정하는 것은 가능합니다.

[그림 6-49]에서는 이익률이 적은 점을 붉은색
으로 표현하고 있어서 수량과 매출의 관계성에서
문제가 있는 점이 붉은색으로 부각되므로 읽기
쉬운 차트가 되었습니다.

## 개선책

매출과 수량 이외의 정보를 제한하여 과제를
읽어내기 쉽게 한다.

# 플랫 차트를 유용하게 활용하자

| 상품명 | 전년매출<br>(백만원) | 매출<br>(백만원) | 매출대전년<br>증감률 | 매출<br>(백만원) | 매출대목표<br>증감률 |
|---|---|---|---|---|---|
| 상품A | 26.5 | 28.3 | -6.6% | 31.2 | -15.1% |
| 상품B | 26.0 | 25.4 | +2.2% | 28.0 | -7.1% |
| 상품C | 17.4 | 15.8 | +10.3% | 17.3 | +0.3% |
| 상품D | 14.1 | 3.0 | +373.0% | 3.3 | +330.0% |
| 상품E | 12.2 | 14.9 | -18.3% | 16.4 | -25.7% |
| 상품F | 9.9 | 8.2 | +19.9% | 9.1 | +9.0% |
| 상품G | 3.3 | 2.6 | +24.7% | 2.9 | +13.4% |

그림 6-50

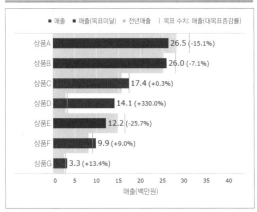

그림 6-51

수치가 '모든정보포함'이지만, 결과적으로 좋은지 나쁜지 알기 어려울 때

**해설**

매출 실적을 평가할 때 전년비와 목표비(=계획비)의 두 축으로 좋음/나쁨을 확인하는 경우는 흔합니다. 일반적인 막대 그래프로 작성하면 실적, 전년, 목표로 막대 3개를 표시하는 형태는 보기에도 좋지 않아서 [그림 6-50]과 같이 숫자표로 작성되기 일쑤입니다.

그러나 비주얼 분석용으로 개발된 플랫 차트를 사용하면 실적, 전년, 목표의 3축을 하나의 막대 그래프로 집약할 수 있습니다. [그림 6-51]에서 메인인 막대 그래프는 실적, 배경의 회색 막대 그래프는 전년, 세로의 회색의 막대 선이 목표치를 나타냅니다. 막대의 색은 여기서는 목표증감률의 플러스, 마이너스를 나타내고 있습니다. 숫자표에 있었던 5개의 지표 중에 대전년증감률의 요소는 소거되지만 우선순위가 높은 평가축(여기서는 목표비 〉 전년비)에서 좋고나쁨을 판정할 수 있어서 무엇보다 직감적으로 이해하기 쉬워집니다.

**개선책**

플랫 차트로 만든다.

# 원 그래프보다 도넛 차트가 좋다

**Before**

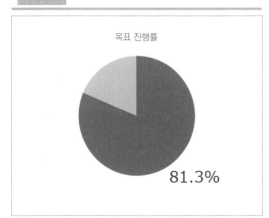

그림 6-52

**After**

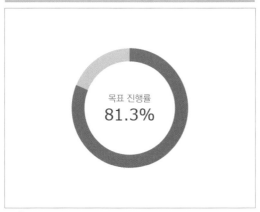

그림 6-53

**과제**

**특별히 위화감은 없지만…**

**해설**

100%를 목표로 하는 달성률이나 진행률을 표시하는 경우 또는 합계에서 점유율을 확인할 때 원 그래프를 사용할 때가 많습니다.

효과적인 차트로 선택 받는 경우가 적은 원 그래프이지만 전체가 100%라는 것을 암시하고 싶은 경우나 원을 분할하는 항목 수가 적을(2개가 최적) 때는 원 그래프도 유효합니다.

[그림 6-52] 그대로도 문제는 없지만 청색의 종점과 수치의 사이를 시점이 움직일 필요가 있다는 것에 반해, [그림 6-53]과 같이 도넛 차트를 사용하면 주역이 되는 비율의 값이 그 수치에 상관없이 항상 중심에 배치되고 도넛 부분의 색에 의해 직감적으로 그 규모가 전해집니다.

도넛 차트는 100%가 최대로 항목이 2종류 밖에 없을 때 유용합니다. 사용하는 부문은 한정적이지만 간단하고 기억에 남기 쉬운 형태여서 효과적인 차트 중에 하나입니다.

**개선책**

**도넛 차트를 사용하여 간단하고 알기 쉽게 시각화한다.**

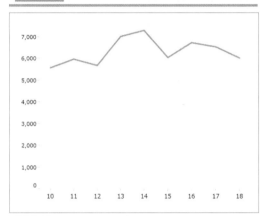

**Before**

그림 6-54

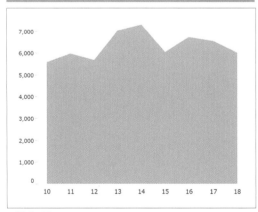

**After**

그림 6-55

**과제**

양적인 요소를 꺾은선 그래프로 전달하기 어려울 때

**해설**

[그림 6-54]는 일반적인 꺾은선 그래프로 특별히 위화감이 있지는 않습니다. 선이 위아래로의 움직임이 있지만 비교적 플랫에 가까운 경향이 보입니다.

시계열 데이터이기 때문에 꺾은선 그래프를 썼지만 그래프의 특징 때문에 데이터의 볼륨감을 전하는 데는 적합하지 않습니다.

양적인 요소도 전하고 싶을 때는 [그림 6-55]와 같이 면 그래프가 유용합니다.

꺾은선 그래프는 경향을 전하기 위한 것으로 양적인 이미지는 전해지지 않습니다. 면 그래프를 선택하면 여러 개의 항목의 경향을 동시에 비교하기는 어렵습니다.

**개선책**

꺾은선 그래프를 면 그래프로 변경한다.

# 면 그래프를 늘어놓고 비교한다

**Before**

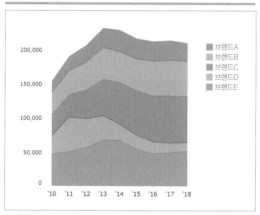

그림 6-56

**After**

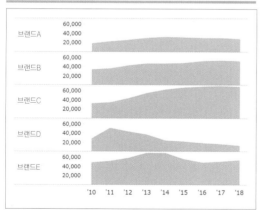

그림 6-57

**과제**

**각각의 증감을 알기 어려울 때**

**해설**

면 그래프는 전체의 규모와 점유율을 한눈에 이해하기 쉽습니다. 다만 [그림 6-56]과 같이 브랜드별 수량을 쌓아 올린 경우엔 전체 수의 증감과 각 브랜드의 규모를 파악할 수는 있지만 각 층의 경향을 보기는 어렵습니다.

구성하는 레이어의 수(여기서는 브랜드)가 많지 않다면 [그림 6-57]과 같이 브랜드별로 면 그래프를 나누면 각 브랜드의 경향을 확인하면서 그 규모도 알아낼 수 있습니다. 색을 다른 요소로 사용할 수 있다는 장점도 생깁니다.

하지만 시장 전체의 움직임은 보이지 않게 되어 시장 전체의 움직임과 각각의 브랜드의 움직임 중에 어느 쪽이 더 중요한지가 차트를 선택할 때의 판단 요소가 됩니다.

**개선책**

**브랜드별 면 그래프로 변경한다.**

# 6.21

# 하이라이트 테이블을 사용한 직관적 표현

## Before

### 연도별 월간 매출 (단위: 백만원)

| | 1월 | 2월 | 3월 | 4월 | 5월 | 6월 | 7월 | 8월 | 9월 | 10월 | 11월 | 12월 |
|---|---|---|---|---|---|---|---|---|---|---|---|---|
| 2010 | 9.0 | 13.5 | 24.2 | 10.7 | 13.8 | 20.6 | 21.1 | 19.0 | 28.8 | 13.6 | 17.7 | 21.4 |
| 2011 | 13.8 | 19.1 | 28.1 | 15.5 | 18.2 | 29.4 | 20.1 | 18.9 | 32.6 | 18.3 | 21.7 | 25.1 |
| 2012 | 16.9 | 23.5 | 39.9 | 14.2 | 19.9 | 29.3 | 23.4 | 20.9 | 34.4 | 22.1 | 25.0 | 31.2 |
| 2013 | 19.0 | 24.5 | 42.1 | 19.5 | 24.8 | 33.3 | 24.3 | 22.9 | 36.3 | 23.0 | 27.2 | 34.5 |
| 2014 | 24.0 | 29.9 | 47.2 | 14.6 | 19.5 | 25.9 | 21.5 | 20.3 | 35.4 | 21.1 | 25.2 | 35.2 |
| 2015 | 19.8 | 26.3 | 43.6 | 16.8 | 21.7 | 31.5 | 23.1 | 21.4 | 34.9 | 19.7 | 23.6 | 30.8 |
| 2016 | 19.3 | 25.9 | 41.9 | 17.7 | 23.6 | 33.9 | 25.0 | 22.5 | 37.7 | 22.1 | 25.9 | 32.2 |
| 2017 | 20.0 | 25.7 | 44.5 | 18.0 | 23.1 | 34.0 | 23.1 | 23.1 | 38.5 | 22.1 | 27.7 | 33.7 |
| 2018 | 19.6 | 25.8 | 43.8 | 20.2 | 26.7 | 34.7 | 24.8 | 23.5 | 36.2 | 23.5 | 27.5 | 36.6 |

그림 6-58

## After

### 연도별 월간 매출 (단위: 백만원)

| | 1월 | 2월 | 3월 | 4월 | 5월 | 6월 | 7월 | 8월 | 9월 | 10월 | 11월 | 12월 |
|---|---|---|---|---|---|---|---|---|---|---|---|---|
| 2010 | 9.0 | 13.5 | 24.2 | 10.7 | 13.8 | 20.6 | 21.1 | 19.0 | 28.8 | 13.6 | 17.7 | 21.4 |
| 2011 | 13.8 | 19.1 | 28.1 | 15.5 | 18.2 | 29.4 | 20.1 | 18.9 | 32.6 | 18.3 | 21.7 | 25.1 |
| 2012 | 16.9 | 23.5 | 39.9 | 14.2 | 19.9 | 29.3 | 23.4 | 20.9 | 34.4 | 22.1 | 25.0 | 31.2 |
| 2013 | 19.0 | 24.5 | 42.1 | 19.5 | 24.8 | 33.3 | 24.3 | 22.9 | 36.3 | 23.0 | 27.2 | 34.5 |
| 2014 | 24.0 | 29.9 | 47.2 | 14.6 | 19.5 | 25.9 | 21.5 | 20.3 | 35.4 | 21.1 | 25.2 | 35.2 |
| 2015 | 19.8 | 26.3 | 43.6 | 16.8 | 21.7 | 31.5 | 23.1 | 21.4 | 34.9 | 19.7 | 23.6 | 30.8 |
| 2016 | 19.3 | 25.9 | 41.9 | 17.7 | 23.6 | 33.9 | 25.0 | 22.5 | 37.7 | 22.1 | 25.9 | 32.2 |
| 2017 | 20.0 | 25.7 | 44.5 | 18.0 | 23.1 | 34.0 | 23.1 | 23.1 | 38.5 | 22.1 | 27.7 | 33.7 |
| 2018 | 19.6 | 25.8 | 43.8 | 20.2 | 26.7 | 34.7 | 24.8 | 23.5 | 36.2 | 23.5 | 27.5 | 36.6 |

그림 6-59

## 과제

**매출이 어디가 높고, 어디가 낮은지, 봐도 바로 알 수 없을 때**

## 해설

[그림 6-58]도 일반적인 숫자표입니다. 확인하려는 정보의 기간이 사전에 정해져 있다면 이러한 숫자표로 충분합니다만, 전체를 종합적으로 보면서 현상파악을 하거나 어디에 숨어 있는지 모를 문제를 발견하는 것이 목적이면 적당하지 않습니다.

[그림 6-59]와 같이 하이라이트 테이블을 활용하면 상대적인 비교가 바로 가능합니다. 2018년을 보면 3월과 9월이 높은 것은 예년과 같지만 그 외에도 12월의 결과가 좋았음을 색으로 인식할 수 있습니다.

## 개선책

**숫자표를 하이라이트 테이블로 변경한다.**

### 효과적이지 않은 시각화 예 ①

수치에 색을 입히는 형태는 상세한 차이를 알기 어렵고 보기도 좋지 않습니다.

**연도별 월간 매출** (단위: 백만원)

| | 1월 | 2월 | 3월 | 4월 | 5월 | 6월 | 7월 | 8월 | 9월 | 10월 | 11월 | 12월 |
|---|---|---|---|---|---|---|---|---|---|---|---|---|
| 2010 | | 13.5 | 24.2 | | 13.8 | 20.6 | 21.1 | 19.0 | 28.8 | 13.6 | 17.7 | 21.4 |
| 2011 | 13.0 | 19.1 | 28.1 | 15.5 | 18.2 | 29.4 | 20.1 | 18.9 | 32.6 | 18.3 | 21.7 | 25.1 |
| 2012 | 16.9 | 23.5 | 39.9 | 14.2 | 19.9 | 29.3 | 23.4 | 20.9 | 34.4 | 22.1 | 25.0 | 31.2 |
| 2013 | 19.0 | 24.5 | 42.1 | 19.5 | 24.8 | 33.3 | 24.3 | 22.9 | 36.3 | 23.0 | 27.2 | 34.5 |
| 2014 | 24.0 | 29.9 | 47.2 | 14.6 | 19.5 | 25.9 | 21.5 | 20.3 | 35.4 | 21.1 | 25.2 | 35.2 |
| 2015 | 19.8 | 26.3 | 43.6 | 16.8 | 21.7 | 31.5 | 23.1 | 21.4 | 34.9 | 19.7 | 23.6 | 30.8 |
| 2016 | 19.3 | 25.9 | 41.9 | 17.7 | 23.6 | 33.9 | 25.0 | 22.5 | 37.7 | 22.1 | 25.9 | 32.2 |
| 2017 | 20.0 | 25.7 | 44.5 | 18.0 | 23.1 | 34.0 | 23.1 | 23.1 | 38.5 | 22.1 | 27.7 | 33.7 |
| 2018 | 19.6 | 25.8 | 43.8 | 20.2 | 26.7 | 34.7 | 24.8 | 23.5 | 36.2 | 23.5 | 27.5 | 36.6 |

그림 6-60

### [대체안]

직관적인 경향을 파악하려 할 때 과감하게 수치를 전부 없애면 색의 차이를 선명하게 읽어낼 수 있습니다.

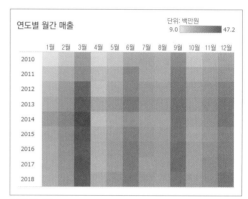

그림 6-61

### 효과적이지 않은 시각화 예②

색과 쓰인 정보가 다르면 직감적으로는 파악하기 어렵습니다.

**연도별 월간 매출** — 단위: 백만원 (9.0 ~ 47.2)

| | 1월 | 2월 | 3월 | 4월 | 5월 | 6월 | 7월 | 8월 | 9월 | 10월 | 11월 | 12월 |
|---|---|---|---|---|---|---|---|---|---|---|---|---|
| 2010 | 4% | 6% | 11% | 5% | 6% | 10% | 10% | 9% | 13% | 6% | 8% | 10% |
| 2011 | 5% | 7% | 11% | 6% | 7% | 11% | 8% | 7% | 12% | 7% | 8% | 10% |
| 2012 | 6% | 8% | 13% | 5% | 7% | 10% | 8% | 7% | 11% | 7% | 8% | 10% |
| 2013 | 6% | 7% | 13% | 6% | 7% | 10% | 7% | 7% | 11% | 7% | 8% | 10% |
| 2014 | 8% | 9% | 15% | 5% | 6% | 8% | 7% | 6% | 11% | 7% | 8% | 11% |
| 2015 | 6% | 8% | 14% | 5% | 7% | 10% | 7% | 7% | 11% | 6% | 8% | 10% |
| 2016 | 6% | 8% | 13% | 5% | 7% | 10% | 8% | 7% | 12% | 7% | 8% | 10% |
| 2017 | 6% | 8% | 13% | 5% | 7% | 10% | 7% | 7% | 12% | 7% | 8% | 10% |
| 2018 | 6% | 8% | 13% | 6% | 8% | 10% | 7% | 7% | 11% | 7% | 8% | 11% |

그림 6-62

### [주의점]

총합계 등의 영역까지 색을 반영하면 그에 끌려서 주요 영역의 색이 전부 옅어지므로 총계나 소계는 분리하는 것이 좋습니다.

**연도별 월간 매출** (단위: 백만원)

| | 1월 | 2월 | 3월 | 4월 | 5월 | 6월 | 7월 | 8월 | 9월 | 10월 | 11월 | 12월 | 총계 |
|---|---|---|---|---|---|---|---|---|---|---|---|---|---|
| 2010 | | 13 | 24 | 11 | 14 | 21 | 21 | 19 | 29 | 14 | 18 | 21 | 213 |
| 2011 | 14 | 19 | 28 | 16 | 18 | 29 | 20 | 19 | 33 | 18 | 22 | 25 | 261 |
| 2012 | 17 | 23 | 40 | 14 | 20 | 29 | 23 | 21 | 34 | 22 | 25 | 31 | 301 |
| 2013 | 19 | 24 | 42 | 20 | 25 | 33 | 24 | 23 | 36 | 23 | 27 | 34 | 331 |
| 2014 | 24 | 30 | 47 | 15 | 19 | 26 | 21 | 20 | 35 | 21 | 25 | 35 | 320 |
| 2015 | 20 | 26 | 44 | 17 | 21 | 31 | 23 | 21 | 34 | 20 | 23 | 31 | 313 |
| 2016 | 19 | 26 | 42 | 18 | 24 | 34 | 25 | 22 | 38 | 22 | 26 | 32 | 328 |
| 2017 | 20 | 25 | 45 | 18 | 24 | 34 | 23 | 23 | 38 | 22 | 28 | 34 | 333 |
| 2018 | 20 | 26 | 44 | 20 | 27 | 35 | 25 | 23 | 36 | 23 | 27 | 37 | 343 |

그림 6-63

# 6.22

마음을 사로잡는
실천 테크닉①

# 조사 데이터의 시각화 – 1

**Before**

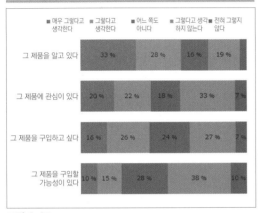

그림 6-64

**After**

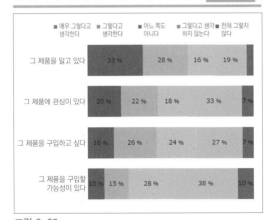

그림 6-65

**과제**

효과적이지 않은 배색으로 되어 있을 때

**해설**

[그림 6-64]는 설문할 때 부정적이 반응과 긍적적인 반응을 측정하는 리커트 척도의 5단계 평가 데이터입니다. 앙케이트 조사에서 흔히 볼 수 있습니다. 지금 그림에서는 5단계의 항목에 색이 설정되어 있지만, 배색이 5항목의 식별 이외의 의미는 없어 유효하게 활용되지 못하고 있습니다.

이것처럼 긍정적인 2항목, 중립적인 1항목, 부정적인 2항목을 순위가 있는 척도로 분류할 수 있을 때는 색의 그라데이션으로 항목을 분류하면 경향을 파악하기가 좀더 쉬워집니다.

[그림 6-65]와 같이 긍정 대답을 푸른 계통, 부정 대답을 붉은 계통, '매우'로 강도가 강한 대답을 짙은 색으로 설정하면, 5단계의 평가를 보여주면서 포지티브 부분이 우세인지, 네거티브가 우세인지가 명확하게 전해집니다.

**개선책**

포지티브, 네거티브에서의 색 구분과 답변의 강도를 그라데이션으로 표현한다.

# 6.23

마음을 사로잡는
실천 테크닉②

조사 데이터의 시각화 - 2

**Before**

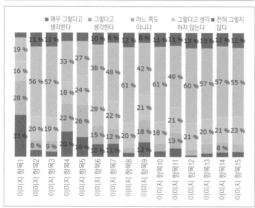

그림 6-66

**After**

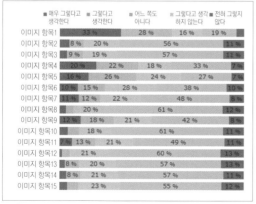

그림 6-67

**과제**

평가 대상이 많아서 세로 막대 그래프로는
보기가 쉽지 않을 때

**해설**

조사 데이터의 시각화에서는 각 선택지의 비율을
레이블로 표시하여 보여주겠다는 요구가 많습니
다. 조사 항목이 많을 때는 100% 누적형 세로 막
대 그래프를 사용하면 [그림 6-66]과 같이 상당
히 보기가 어려운 차트가 됩니다.

차트를 세로에서 가로로 변경하면 상당 부분 개
선됩니다. [그림 6-67]과 같이 100% 누적형 가
로 막대 그래프를 사용하면 같은 공간을 사용하
고 있음에도 불구하고 가로 막대 안에 레이블을
붙이기 쉬워져서 식별하기가 압도적으로 쉬워짐
을 알 수 있습니다.

**개선책**

세로 막대를 가로 막대로 변경한다.

6
장／Step! 차이를 낳는 테크닉

**179**

# 6.24

마음을 사로잡는
실천 테크닉③

## 조사 데이터의 시각화 단계

Before

**채용 환경에 대한 의식** (소비자동향조사 2019년1월)

|  | 나빠진다 | 조금 나빠진다 | 변함없다 | 조금 좋아진다 | 좋아진다 |
|---|---|---|---|---|---|
| 강원도 | 6% | 26% | 59% | 8% | 0% |
| 서울 | 5% | 23% | 60% | 12% | 1% |
| 경기도 | 5% | 19% | 64% | 12% | 0% |
| 충청도 | 7% | 21% | 61% | 11% | 1% |
| 경상도 | 6% | 22% | 62% | 10% | 1% |
| 전라도 | 5% | 25% | 58% | 11% | 0% |
| 제주 | 5% | 21% | 60% | 13% | 1% |

그림 6-68

After

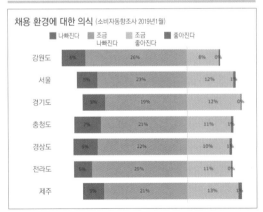

그림 6-69

**과제**

리커트 척도의 조사 데이터를 알기 쉽게 시각화
하고 싶을 때

**해설**

[그림 6-68]도 5단계의 조사 데이터를 숫자표로
시각화한 것입니다.

척도의 단계는 홀수와 짝수인 경우도 있습니다
만, 부정과 긍정의 양자가 존재해서 어느 쪽 경
향이 강한지 확인할 수 있는 데이터입니다.

이와 같은 데이터에는 100% 누적형 가로 막대
그래프도 유력한 후보이지만 다른 예도 알아봅
니다.

[그림 6-69]는 '변함없다'라는 중립적인 의견은
제외하고 중심선에서 왼쪽에는 부정적인 의견
을, 오른쪽에는 긍정적인 의견을 각각 막대 그래
프로 표시하는 형식을 취하고 있습니다. 결과적
으로는 부정과 긍정의 볼륨의 차이가 보다 명백
히 드러납니다.

중간층이 압도적으로 많을 때는 다수파의 존재가
무시될 가능성도 있으니 미리 염두에 두는 게 좋
습니다.

**개선책**

100% 누적형 가로 막대 그래프를 활용한다.

① 우선 숫자표를 가로 막대 그래프로 바꿔봅니다. 중립적인 답변이 많아 인사이트를 발견하기 어려운 차트가 되었습니다.

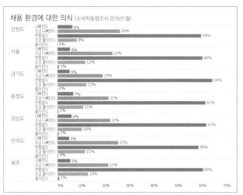

그림 6-70

② 100% 누적형 가로 막대 그래프로 바꿨습니다. 부정적인 의견은 왼쪽 단부터, 긍정적인 의견은 오른쪽 단부터 확인 가능합니다. 그러나 색까지는 고려하지 못해 한눈에 정보를 읽어내기는 어렵습니다.

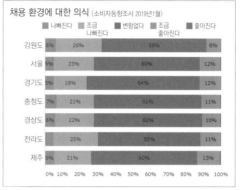

그림 6-71

③ 〈6.22 [마음을 사로잡기 위한 실천 테크닉①] 조사 데이터 시각화 – 1〉에서 설명한 효과적인 배색으로 바꿔봅니다. 이미 합격입니다만 한걸음 더 나아보겠습니다.

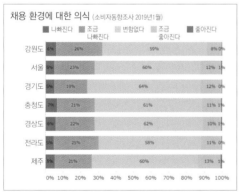

그림 6-72

④ 중간 답변의 중심을 제로로 한 차트입니다. 가로 막대의 합계는 100%이므로 가로 막대 전체의 위치로 부정에 가까운지 긍정에 가까운지를 파악할 수 있습니다. 여기에서 인사이트를 발견하기 어려운 중립 의견을 제외하면 [그림 6-69]가 완성됩니다.

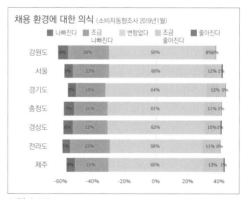

그림 6-73

# 6.25

# 기준점을 맞춰서 비교한다 - 1

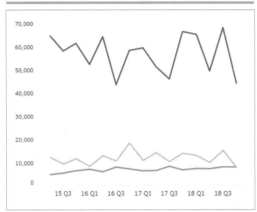

그림 6-74

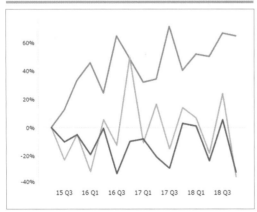

그림 6-75

### 과제

시작 지점에서의 볼륨이 달라서 경향을 비교
하기 어려울 때

### 해설

경향을 비교할 때는 보통 꺾은선 그래프를 많이
사용합니다. 규모가 다르거나 시작 지점에서의
차이가 크면 비교하기가 어려워지는 경우가 있습
니다. [그림 6-74]를 보면 결국 어느 것이 상승
이고 또 하강인지 알기 어렵습니다.

이때는 임의의 기준점으로부터 변화율로 바꿔 시
각화하는 것이 유효한 선택지의 하나입니다.

[그림 6-75]와 같이 시작 지점을 기준으로 변화
율을 꺾은선 그래프로 작성하면 경향이 확실해집
니다. 그러나 자릿수가 다른 증감이 발생한 항목
이 포함되면 변화율도 자릿수가 다른 수치를 갖
게 되어 다른 비교 대상과 축의 스케일을 맞추는
것이 힘들어집니다. 사용하는 데이터의 상황에
따라서 사용하기 어려울 때도 있으니 주의해야
합니다.

### 개선책

기준을 맞춘 변화율로 변환해서 비교한다.

# 6.26

## 기준점을 맞춰서 비교한다 - 2

**Before**

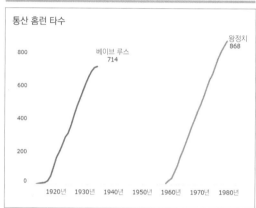

그림 6-76

**After**

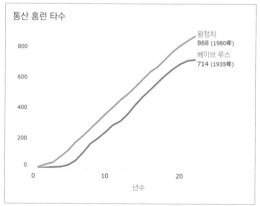

그림 6-77

**과제**

### 시작 지점이 달라서 트렌드를 비교하기 어려울 때

**해설**

과거의 상품의 판매 상황과 신상품의 판매 상황을 비교할 때는 시작 지점이 다르거나 세일 등의 특수요인에 의한 돌발적인 변동도 있기 때문에 단순히 꺾은선 그래프를 사용하는 것만으로는 트렌드를 비교하기 어려울 때가 있습니다.

[그림 6-76]은 일본 프로야구 선수였던 왕정치 선수와 미국 메이저리그 선수였던 베이브 루스 선수의 데뷔 시점부터의 통산 홈런타수를 그래프화한 것입니다.

왕 선수가 베이브 루스 선수의 기록을 깼다는 것은 알고 있지만 시작 지점이 달라 그 시점이 빨랐는지 어땠는지, 궤적에 차이가 있는지 잘 알 수가 없습니다. 이때는 [그림 6-77]과 같이 시작 지점을 일치시키고 데이터를 시각화하면 도움이 됩니다. 차트를 보면 왕 선수 쪽이 데뷔 후에 빠른 단계에서 홈런타수를 늘려 갔다는 것과 두 선수 모두 안정적으로 매년 비슷하게 홈런 수를 늘려갔음을 알 수 있습니다.

**개선책**

### 시작 지점을 맞춰서 데이터를 비교한다.

7장

# Jump!
# BI툴로 차이를 만든다

다른 나라에서 높은 평가를 받고 있는 BI툴인 태블로(Tableau)를 사용해서 실천적인 활용법인 인포메이션 디자인을 의식한 테크닉을 소개합니다.

**Before**

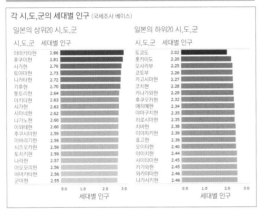

그림 7-1

**After**

그림 7-2

**과제**

### 공간적인 질문에 대답할 수 없을 때

**해설**

주소 데이터나 GPS 등에서 얻는 위치 정보는 그 위치 관계에서 새로운 지식을 얻기도 합니다.

[그림 7-1]은 각 시, 도, 군의 세대별 인구수(일본)를 상위, 하위 각각 20개 시,도,군을 정리해본 것입니다. 적혀 있는 구체적인 수치 이외의 정보가 머릿속에 잘 들어오지 않습니다.

[그림 7-2]를 볼까요? 구체적인 수치는 없어졌지만 일본의 윗쪽 부분에서 붉은색이 눈에 띄고 동해에 비교적 짙은 푸른색이 몰려있다는 정도가 눈에 들어옵니다. 이와 같은 맵을 사용하면 전혀 다른 지식을 얻을 수 있습니다.

각 시, 군, 도의 위치 관계를 정확하게 알고 있는 분도 많겠지만 [그림 7-1]과 같은 목록 형식으로는 머리에 이미지가 그다지 남지 않습니다. 읍, 면, 동과 같이 보다 상세한 데이터가 나온 경우에는 맵을 사용하지 않으면 공간적인 관계성을 발견하기는 어렵지만 맵핑으로 예상 외의 정보를 얻을 수 있습니다.

**개선책**

**맵을 사용하여 시각화한다.**

# 스크롤은 가급적 만들지 않는다

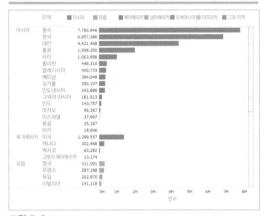

Before

그림 7-3

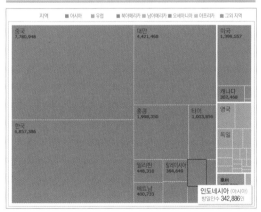

After

그림 7-4

## 과제

한 화면에 차트가 들어가지 않아서 스크롤이 생길 때

## 해설

BI툴을 사용하면 다양한 데이터를 다양한 각도에서 간단하게 시각화할 수 있지만 [그림 7-3]과 같이 시각화하려는 항목의 수가 많아서, 한 화면에 전부 들어가지 않고 스크롤이 발생하는 경우가 많습니다. 현실적인 문제이지만 차트를 읽는 사람이 스크롤해야 한다는 것을 모를 때도 있고, 스크롤해서까지 남은 항목을 보고 싶지 않은 경우도 있어서 작성자의 상상을 넘어서는 문제가 발생합니다. 특히 '보고서는 그냥 보기만 한다'라는 사용자는 그런 경향이 높습니다.

스크롤 되지 않도록 한 화면에 전부 표시할 수 있는 수단이 있으면 적극적으로 활용해야 합니다. 예에서는 엄밀한 양이나 위치보다는 개략적인 볼륨감을 파악하는 것이 목적이므로 [그림 7-4]와 같이 트리 맵이 유용합니다. 트리 맵은 각각의 영역 모두에 레이블을 붙이는 건 어렵지만 필요한 수치를 팝업으로 표시하면 결점을 보완할 수 있습니다.

## 개선책

스크롤이 없는 트리 맵으로 변경한다.

**187**

# 7.3 | 필터는 사용하지 않는다

**BI활용법③**

---

## Before

### 지역별 카테고리별 매출

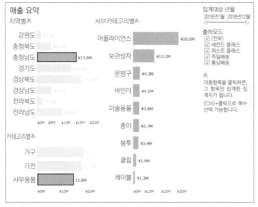

그림 7-5

## After

### 매출 요약

### 과제

**필터가 많아서 읽는 사람의 사용 부담이 클 때**

### 해설

BI툴을 사용하다 보면 뭐든지 필터를 붙여서 자유롭게 집계해보고 싶다는 욕망이 솟구칩니다. [그림 7-5]의 예는, 날짜 슬라이더를 포함한 5개의 필터가 존재하고 나머지는 '사용자에게 맡긴다'라는 형태의 보고서입니다. 그러나 '필터는 불편해서 사용하지 않고 그냥 표시되어 있는 것만 본다'라는 사용자가 생각보다 훨씬 많습니다.

탐색적인 분석에서는 매크로에서 미크로로, 신경이 쓰이는 부분을 점점 깊게 조사해 가는 것이 일반적인 사고의 흐름입니다. 흐름을 의식하여 사용자가 직감적으로 사용하기 쉬운 설계를 하면 극적으로 가치가 향상됩니다.

[그림 7-6]에서도 태블로_Tableau의 액션 기능을 사용하여 상세한 내용을 알고 싶은 부분을 클릭하면 다른 차트에 상세한 내용이 표시되는 형태가 되어 있습니다. 매크로에서 미크로로, 그 자리에서 발생한 '왜?'를 가벼운 마음으로 조사할 수 있도록, 직감적인 분석을 촉진하는 형태로 만들어져 있습니다.

### 개선책

**필터에만 의존하지 말고 동선을 의식한 설계로 변경한다.**

그림 7-6

# 데이터 시각화 능력을 높이는 방법

기본적인 법칙이나 그 사례에 대해서는 이 책에서 많이 설명하고 있지만 평소에도 좋은 그림과 화상을 보는 습관을 기르면 여기에서 배운 지식을 복습하거나 기초가 크게 향상됩니다.

예를 들어, 구글Google에서 이미지 검색이나 Pinterest로 'KPI Dashboard' 등을 검색하기만 해도, 다수의 관련 이미지가 나옵니다.

검색 결과는 중요도와 상관없이 모든 결과를 표시하지만 이 책을 배운 독자라면 어느 것이 '옥'이고 어느 것이 '석'인지 간단하게 판별할 수 있으리라 생각합니다.

좋은 차트를 보고 그 방법을 배우거나 나쁜 차트를 보고 "나라면 이렇게 할 것이다"라고 생각하는 훈련은 스킬을 단련시키는 데 유용합니다.

이미지 검색 이외에 추천하고 싶은 것은 Tableau Public의 갤러리입니다

- (https://public.tableau.com/ja-jp/s/gallery).

이 사이트에는 데이터 아트나 인포메이션 그래픽스와 같이 예술적인 요소가 강한 비주얼이 많습니다. 작품에 숨어 있는 각각의 그래프, 수치의 표현법, 폰트나 컬러의 사용법 등을 요소별로 살펴보면 새로운 차트의 사용법이나 표현법, 색의 사용법 등 참고가 될 것이 많습니다.

이미지만으로도 직관적으로 이해할 수 있어 영어를 모르는 분들도 배울 수 있는 내용이 많습니다. 데이터 시각화의 다양한 기법을 배울 수 있다는 점에서는 태블로 사용자 여부와도 전혀 관계 없습니다. 반드시 접속해 보시기 바랍니다.

▲ Tableau Public의 갤러리

# 7.4 드릴다운 기능을 활용한다

**BI활용법④**

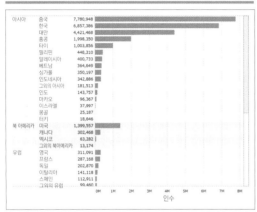

**Before**

그림 7-7

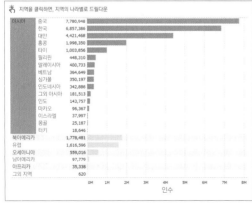

**After**

그림 7-8

**과제**

**표시 항목수가 많아서 스크롤이 발생할 때**

**해설**

〈[BI활용법②] 스크롤은 가급적 피한다〉에서도 설명한 것처럼 [그림 7-7]과 같이 표시할 항목 수가 많을 때는 스크롤이 생겨 읽는 사람의 부담이 늘어납니다. 상세한 정보는 확실하게 파악할 수 있지만 전체를 개략적으로 보기 어렵습니다.

사용하는 BI툴에 대화식으로 드릴다운해서 깊게 내려가는 기능이 있으면 그것을 유효하게 활용하는 방법이 효과적입니다.

[그림 7-8]은 상세한 데이터를 보려는 영역을 클릭하면 그 영역만 드릴다운되는 차트입니다. 모든 나라를 표시할 때에 비해서 매크로에서 미크로로, 우선은 전체를 파악하고 신경이 쓰이는 부분만 초점을 맞추어서 상세한 정보를 확인할 수 있기 때문에 사고 프로세스에 따라서 필요한 정보만 걸러서 분석할 수 있어 매우 효과적입니다.

**개선책**

**필요에 따라서 드릴다운 가능한 형식으로 만든다.**

## 한발만 더 개선안

태블로의 경우, 데이터 항목을 계층화하기만 하면 [그림 7-9]에서 [그림 7-10]과 같이 드릴다운 구조를 간단하게 만들 수 있습니다. 하지만 이 형식은 드릴다운할 때 전부 데이터를 보여주어 필요한 항목을 찾기 어렵습니다. 항목 수가 많으면 스크롤도 발생합니다.

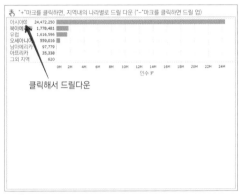

그림 7-9

그림 7-10

## 다른 개선안

여러 개의 시트를 사용하는 형태가 되지만 [그림 7-11]에서 [그림 7-12]와 같이 지역을 클릭하면, 그 아래 레이어의 그래프를 다른 윈도우로 표시할 수 있습니다. [그림 7-12]에서는 왼쪽과 오른쪽에서 축의 스케일이 다르기 때문에 주의가 필요합니다만, 이것도 효과적인 시각화 방법 중 하나입니다.

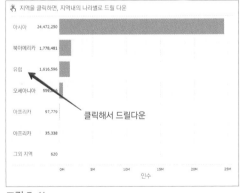

그림 7-11

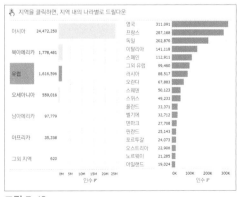

그림 7-12

7장/Jump! B! 태블로 차이를 만든다

# 7.5 | 스파게티 차트 해소법

**BI활용법⑤**

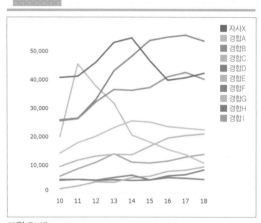

그림 7-13

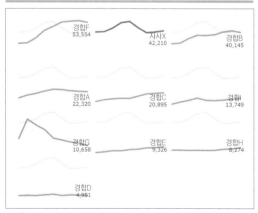

그림 7-14

## 과제

꺾은선 그래프에서 꺾은선 수가 많아서 주목 해야 할 지점을 알기 어려울 때

## 해설

[그림 7-13]은 꺾은선 수가 많고 복잡하게 얽혀 있는 꺾은선 그래프로 '스파게티 차트' 혹은 '스파 게티 플롯'이라고 부릅니다.

그림에서는 항목이 10개인데 차트를 볼 때 어디 에 주목하면 될까요? 항목의 수가 많으면 비슷한 색이 늘어서 잘못 파악할 가능성도 높아집니다.

차트를 볼 때 꺾은선의 색과 범례를 차례로 연결 시키지 않으면 안 된다는 부담을 주고 있다는 점 만으로도 효과적인 차트라고 할 수 없습니다.

차트의 목적은 자사 X와 경합하는 회사와의 비 교일 것입니다.

개선안의 하나로 [그림 7-14]와 같은 차트가 있 습니다. 각 경합 회사와 자사X의 비교가 쉽게 가 능하면서도 매우 간단합니다. [그림 7-14]에 도 달할 때까지의 개선 과정을 다음 항에서 확인해 봅니다.

## 개선책

비교 대상을 좁히고 꺾은선 그래프를 여러 개 늘어놓는 형식으로 변경한다.

① 꺾은선을 브랜드별로 분할했더니 각각의 트렌드는 알기 쉬워졌습니다. 항목 수가 많아서 옆으로 치우쳐 트렌드가 과도하게 강조되고 말았습니다.

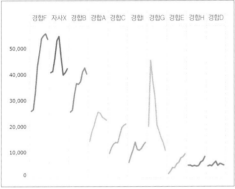

그림 7-15

③ 꺾은선 그래프에 각각의 벤치마크가 되는 꺾은선(여기서는 브랜드J)을 참조용으로 겹쳤더니 트렌드의 비교(주)와 볼륨의 비교(부)가 가능해졌습니다.

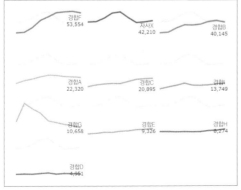

그림 7-17

② 직선으로 배치하지 않고 세로와 가로의 양방향으로 배치하는 형식으로 변경했습니다.
보기는 쉬워졌으나 가로 정렬이 아니어서 기준이 되는 브랜드J 와의 차이를 알기 어렵게 되었습니다.

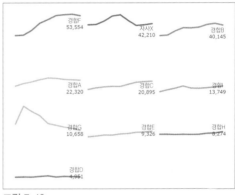

그림 7-16

④ 마지막으로 차트에서 각 회사에 색을 설정할 필요가 없어져 색은 없앨 수 있습니다. 색은 다른 중요한 식별 요소에 유효하게 활용할 수도 있지만 여기서는 자사X를 명시하기 위해서만 사용했습니다.

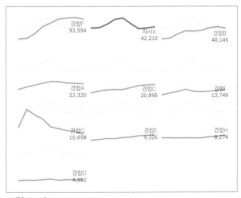

그림 7-18

# 7.6

**BI활용법⑥**

# 조합해서 과제해결 – 스파게티 차트편

**Before**

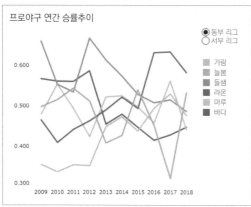

그림 7-19

**After**

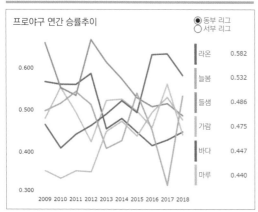

그림 7-20

**과제**

꺾은선 그래프에서 꺾은선의 수가 많아서 색의 범례와 꺾은선 사이를 시선이 우왕좌왕 할 때

**해설**

[그림 7-19]는 스파게티 차트의 전형적인 예입니다. 꺾은선 수가 6개로 많지는 않지만, 팀 컬러와 색이 어느 정도 연동하고 있어서 프로야구에 관심이 있다면 비교적 쉽게 인식할 수 있습니다(가상의 팀으로 만든 차트이나 실제로 생각해봅시다). 반대로 관심이 없는 경우에는 선의 색이 어느 팀인지 직감적으로 알 수 없어 꺾은선과 범례를 시선이 우왕좌왕하게 됩니다.

개선책인 [그림 7-20]을 볼까요? 최근의 시즌의 순위표와 그 순서의 팀 컬러를 색의 범례 대신 사용하고 있습니다. 이 형태라면 읽는 사람은 최근 시즌 정보에서 그 색이 어느 팀을 가리키고 있는지 쉽게 인식할 수 있어서 거기서부터 과거의 트렌드를 추적함으로써 유연하게 상황을 파악할 수 있습니다. 차트를 작성할 때는 손이 많이 가지만 최근의 순위표도 표시되어 있고 사용도를 높이면서 정보량을 늘릴 수 있으므로 추천하는 방법입니다.

**개선책**

색과 범례를 최근의 순위표와 연동시킨다.

# 조합해서 과제해결 – 경향과 규모의 양립편

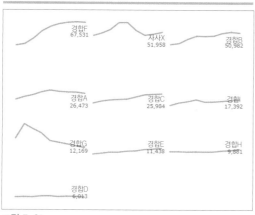

Before

그림 7-21

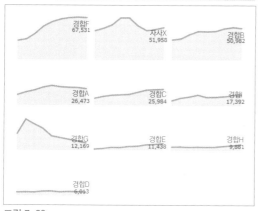

After

그림 7-22

### 과제

경향은 보이지만 규모를 읽어내기 어려울 때

### 해설

꺾은선 그래프는 경향을 보려는 것이 주요 목적으로 양적인 요소를 파악하는 데는 적합하지 않습니다. [그림 7-21]에서는 최신의 데이터에 레이블이 붙어 있지만 직감적으로 규모를 파악하기는 어렵습니다.

이와 같은 경우에는 꺾은선 그래프와 면 그래프를 조합한 [그림 7-22]와 같은 차트가 효과적입니다. 통상의 면 그래프에 비해서 경향이 강조되고 일반적인 꺾은선 그래프에 비해서 규모를 파악하기 쉽습니다. 하지만 이 경우에는 두 축을 동기화해야 합니다. 복합적인 차트이지만 가독성도 유지하면서 오해의 여지도 적은 좋은 예라고 할 수 있습니다.

### 개선책

꺾은선과 면 그래프를 조합하여 양자의 메리트를 활용한다.

# 7.8

**BI활용법⑧**

## 조합해서 과제해결
## – 비율과 양의 양립편

---

**Before**

**사업 내 매출 점유율** (각 사업 합계=100%)

■ 제주　■ 전라도　 경상도　■ 충청도　■ 경기도　■ 강원도

| 사업 | 제주 | 전라도 | 경상도 | 충청도 | 경기도 | 강원도 |
|---|---|---|---|---|---|---|
| 사업A | 16% | 9% | 25% | 19% | 20% | 10% |
| 사업B | 13% | 16% | 23% | 23% | 17% | 9% |
| 사업C | 13% | 8% | 28% | 17% | 25% | 9% |
| 사업D | 8% | 14% | 31% | 19% | 20% | 8% |
| 사업E | 12% | 11% | 27% | 20% | 19% | 12% |
| 사업F | 10% | 15% | 26% | 18% | 22% | 9% |
| 사업G | 9% | 13% | 23% | 20% | 24% | 11% |
| 사업H | 10% | 14% | 23% | 19% | 26% | 8% |
| 사업I | 14% | 11% | 24% | 19% | 20% | 11% |
| 사업J | 10% | 12% | 25% | 16% | 24% | 13% |

그림 7-23

---

**After**

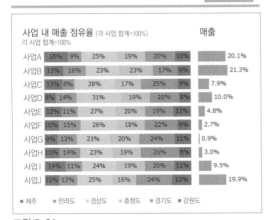

**사업 내 매출 점유율** (각 사업 합계=100%)
각 사업 합계=100%

**매출**

| 사업 | 제주 | 전라도 | 경상도 | 충청도 | 경기도 | 강원도 | 매출 |
|---|---|---|---|---|---|---|---|
| 사업A | 16% | 9% | 25% | 19% | 20% | 10% | 20.1% |
| 사업B | 13% | 16% | 23% | 23% | 17% | 9% | 21.3% |
| 사업C | 13% | 8% | 28% | 17% | 25% | 9% | 7.9% |
| 사업D | 8% | 14% | 31% | 19% | 20% | 8% | 10.0% |
| 사업E | 12% | 11% | 27% | 20% | 19% | 12% | 4.8% |
| 사업F | 10% | 15% | 26% | 18% | 22% | 9% | 2.7% |
| 사업G | 9% | 13% | 23% | 20% | 24% | 11% | 0.9% |
| 사업H | 10% | 14% | 23% | 19% | 26% | 8% | 3.0% |
| 사업I | 14% | 11% | 24% | 19% | 20% | 11% | 9.5% |
| 사업J | 10% | 12% | 25% | 16% | 24% | 13% | 19.9% |

■ 제주　■ 전라도　 경상도　■ 충청도　■ 경기도　■ 강원도

그림 7-24

---

**과제**

비율의 시각화는 되어 있지만, 점유율을 비교
할 수 없을 때

**해설**

[그림 7-23]은 각 사업에 있어서 매출의 지역별
점유를 100% 누적형 가로 막대 그래프로 시각화
한 것입니다.

100% 누적형 막대 그래프에서는 빈번하게 발생
하는 문제이지만 상대적으로 비즈니스 임팩트가
적은 매출 규모의 사업에서 특이한 점유율이 발
생해도 그 매출 규모가 시각화되어 있지 않아서
특이성이 과하게 강조되기도 합니다. 그럴 때는
비즈니스적으로 의미가 크지 않은 사항인데도 검
토하는 데 시간을 낭비하게 됩니다.

BI툴에서는 여러 개의 차트를 조합해서 쉽게 연
동시킬 수 있습니다. [그림 7-24]와 같이 100%
누적형 막대 그래프와 일반형 막대 그래프를 둘
다 사용함으로써 과제를 해결할 수 있습니다. 불
필요한 의논이나 검토의 시간을 억제하고 가치가
있는 분석에 시간을 사용할 수 있습니다.

**개선책**

누적형 막대 그래프와 막대 그래프를 병용해서
비율과 양의 양쪽을 시각화한다.

## Before

브랜드별 매출 비교

매출(만 원) 15 ▭ 2,144

| | 1월 | 2월 | 3월 | 4월 | 5월 | 6월 | 7월 | 8월 | 9월 | 10월 | 11월 | 12월 | 총계 |
|---|---|---|---|---|---|---|---|---|---|---|---|---|---|
| 브랜드A | 459 | 499 | 993 | 589 | 1,562 | 785 | 853 | 1,284 | 1,309 | 1,323 | 1,422 | 808 | 11,988 |
| 브랜드B | 64 | 16 | 27 | 60 | 85 | 110 | 15 | 90 | 94 | 74 | 97 | 68 | 801 |
| 브랜드C | 581 | 809 | 414 | 545 | 1,903 | 1,090 | 754 | 1,235 | 882 | 1,276 | 1,044 | 1,346 | 11,944 |
| 브랜드D | 536 | 274 | 524 | 40 | 680 | 660 | 265 | 1,121 | 643 | 859 | 123 | 483 | 6,209 |
| 브랜드E | 151 | 95 | 50 | 54 | 124 | 164 | 132 | 128 | 246 | 165 | 117 | 201 | 1,628 |
| 브랜드F | 18 | 38 | 28 | 36 | 60 | 61 | 16 | 49 | 43 | 71 | 38 | 23 | 482 |
| 브랜드G | 209 | 375 | 178 | 263 | 742 | 507 | 385 | 562 | 387 | 426 | 367 | 347 | 4,747 |
| 브랜드H | 310 | 221 | 495 | 178 | 653 | 683 | 166 | 664 | 477 | 388 | 379 | 509 | 5,324 |
| 브랜드I | 159 | 230 | 431 | 241 | 454 | 744 | 266 | 314 | 544 | 349 | 527 | 695 | 4,954 |
| 브랜드J | 117 | 86 | 219 | 153 | 499 | 256 | 123 | 292 | 248 | 410 | 333 | 318 | 3,054 |
| 브랜드K | 77 | 68 | 125 | 83 | 136 | 181 | 94 | 109 | 162 | 177 | 147 | 102 | 1,461 |
| 브랜드L | 63 | 123 | 106 | 79 | 112 | 250 | 19 | 199 | 126 | 171 | 148 | 219 | 1,615 |
| 브랜드M | 259 | 601 | 470 | 525 | 1,196 | 1,163 | 742 | 785 | 1,550 | 1,251 | 1,471 | 1,170 | 11,284 |
| 브랜드N | 621 | 501 | 286 | 804 | 992 | 4,964 | 573 | 1,464 | 1,039 | 1,384 | 1,651 | 1,041 | 12,363 |
| 브랜드O | 60 | 35 | 106 | 44 | 206 | 150 | 147 | 111 | 177 | 106 | 167 | 193 | 1,503 |
| 브랜드P | 92 | 82 | 85 | 70 | 217 | 178 | 73 | 213 | 196 | 92 | 174 | | 1,577 |
| 브랜드Q | 217 | 611 | 434 | 408 | 1,457 | 1,509 | 277 | 1,208 | 681 | | 1,437 | 956 | 11,339 |
| 총계 | 3,993 | 4,725 | 4,973 | 4,169 | 11,183 | 10,660 | 4,902 | 9,828 | 8,903 | 10,678 | 9,603 | 8,653 | 92,271 |

그림 7-25

## After

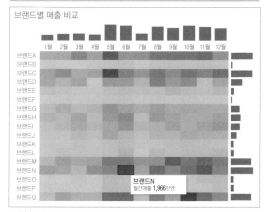

브랜드N
월간매출 1,966만엔

그림 7-26

### 총합계의 규모를 파악하기 어려울 때

**해설**

이 예는 앞에서의 항목을 응용한 사례입니다. 하이라이트 테이블은 테이블 안에서는 규모를 볼 때 색으로 시각화할 수 있습니다. 그러나 [그림 7-25]와 같이 표 안에서는 규모를 파악할 수 있지만 브랜드별, 월별로, 상대적으로 양이 많은가 적은가라는, 조금 매크로적인 정보의 규모는 파악하기 어려운 상황입니다.

[그림 7-25]에서는, 총계의 수치로 어느 정도는 이해할 수 있지만 브랜드 수도, 개월 수도 많아서 직감적으로 인식하기 어렵습니다.

[그림 7-26]과 같이 3개의 차트를 연계시켜서 세로축과 가로축의 규모도 동시에 그래픽으로 표현할 수 있습니다.

직감적인 상황파악을 촉진시키기 위해서 불필요한 정보를 줄이고 수치를 팝업으로 만들면, 어디가 많고, 적은가라는 탐색적인 분석 접근법에 대해서 읽는 이의 부담을 최소화한 시각화가 가능합니다.

**개선책**

하이라이트 테이블과 막대 그래프를 같이 사용하고 각 축의 볼륨감도 동시에 시각화한다.

**Before**

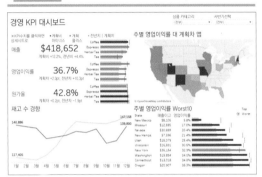

그림 7-27

**After**

그림 7-28

**과제**

### 정보량이 적지 않을 때

**해설**

마지막으로 KPI 대시보드의 사례입니다.

[그림 7-27]은 차트가 간단해 보이지만 정보량이 적지 않습니다. 많은 정보가 있지만 정작 그 내용은 머리에 남지 않는 사태가 일어나기 쉽습니다. 정보는 스토리와 연결되면 기억에 잘 남습니다.

'경영 대시보드'의 사용자는 경영자들로 상정합니다. 경영자에게 가장 중요한 지표인 3개의 KPI를 강조하는 사실 보고형으로 특화시킨 것이 [그림 7-28]입니다. 누계값과 월간 트렌드만으로 줄이고 '왜?'라는 질문에 대한 가설 탐색과 검증은 다른 페이지로 옮겨서 알아보는 접근법 차트를 구성했습니다. 주요 3지표의 상황을 바로 확인할 수 있고, 사내 디지털 사이니지에서도 유효한 표현방식입니다.

비즈니스 대시보드는 KISSKeep it simple. stupid의 법칙을 지키면서, 가능한 한 심플하게 만드는 것이 좋습니다.

**개선책**

### 1장의 대시보드에 표시하는 정보는 가능한 한 삭감한다.

## 차트 수정 ① 단계

데이터 시각화의 기본지식이 몸에 익숙하지 않았던 2014년 8월에 작성한 대시보드

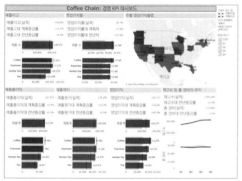

그림 7-29

## 차트 수정 ② 단계

폰트, 색, 레이아웃을 조정하지 않고, 2017년 4월에 태블로 컨퍼런스 도쿄Tableaue Conference Tokyo에 나갔을 때 공개한 대시보드

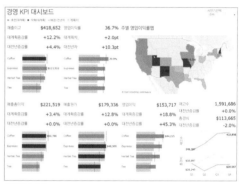

그림 7-30

## 차트 수정 ③ 단계

내용을 조금 줄이고 폰트 사이즈에 의한 강약도 확대하여 그해 4월(2017년 4월)에 수정한 대시보드

그림 7-31

## 차트 수정 ④ 단계

2019년 4월에 더욱 콘텐츠를 줄이고 극히 심플하고 효율 및 효과를 중시하면서 작성한 대시보드

그림 7-32

## 마치면서

저자인 후지와 와타나베는 매일 같이 클라이언트 기업의 데이터 활용에 노력을 아끼지 않는 실무자입니다. 서양과 비교해서 현저하게 인지도가 낮고 적용이 늦은 '데이터 시각화' 영역에서 번역이 아닌 체계적으로 일본의 정리한 책을 내는 것이야말로 일본의 데이터 활용 수준을 높이는 지름길이라 믿고, 처음으로 책을 썼습니다. 『데이터 시각화 교과서』*라는 제목에 어울리는 내용이라고 자신하기는 부끄럽습니다만, 여러분이 데이터 시각화 법칙을 이해하고 실무에 법칙을 적용하는 데 도움이 되면 좋겠습니다.

## 감사의 말

태블로 재팬(Tableau Japan) 대표 사토 유타카씨와 태블로 유저 모임의 회장 마에다 히로키씨는 5년 전부터 데이터 시각화와 관련된 책과 사례를 소개해 주셨습니다. 데이터 시각화 영역의 중요성을 깨닫게 하는 계기를 마련해 주셨습니다.

리뷰어로서, 아베 신야씨, 엔도 키미모리씨, 오노 타이스케씨, 키다 카즈히로씨, 코에비사와 카즈키씨, 사와무라 아키오씨, 시미즈 타카스케씨, 타나카 카오리씨, 하야시 슈사쿠씨, 보낫히씨, 무카이 나오코씨, 무구루마 토시히로씨로부터 매우 유익한 피드백을 받았으며, 책 내용을 한층 더 세련되게 수정할 수 있었습니다.

필자가 소속된 주식회사 Truestar 및 주식회사 NTT데이터의 관계자 여러분에게 평소에 많은 지원을 받았으며 동시에 커다란 자극도 받았습니다. 긴 시간 동안 지원해 주신 모든 분께 감사의 말씀을 전합니다. 정말 감사합니다.

마지막으로 집필 활동을 따뜻한 눈으로 지켜봐 준 아내와 아이들(후지, 와타나베가 우연히 같은 가족 구성)에게 마음 깊이 감사의 말을 전합니다.

2019년 4월

후지 토시쿠니, 와타나베 료이치

---

\* 일본 원서의 제목

## 참고문헌

- 『Google류 자료작성법』(Cole Nussbaumer Knaflic저, 일본실업출판사, 2017년)
- 『월 스트리트, 저널식 도해표현의 룰』(Dona M Won저, 칸키출판, 2011년)
- 『설명하지 않아도 전해지는 도해의 교과서』(키리야마 타케히로 저, 칸키출판, 2017년)
- 『평생사용가능, 보기 쉬운 자료의 디자인 입문』(모리시게 유우타저, impress, 2016년)